Philosophy for the Intelligent Age

亲缘格局论

面向智能时代的哲学

陈玉京 ◎著

经济日报出版社

图书在版编目（CIP）数据

亲缘格局论：面向智能时代的哲学 / 陈玉京著．--北京：经济日报出版社，2018.3

ISBN 978-7-80257-948-4

Ⅰ．①亲… Ⅱ．①陈… Ⅲ．①马克思主义-发展-研究-中国 Ⅳ．①D61

中国版本图书馆 CIP 数据核字（2018）第 033387 号

亲缘格局论：面向智能时代的哲学

作　　者	陈玉京
责任编辑	郭明骏
责任校对	薛银涛
出版发行	经济日报出版社
社　　址	北京市西城区白纸坊东街 2 号 A 座综合楼 710
邮政编码	100054
电　　话	010-63584556（编辑部）　63516959（发行部）
网　　址	www.edpbook.com.cn
E - mail	edpbook@126.com
经　　销	全国新华书店
印　　刷	北京建宏印刷有限公司
开　　本	710×1000 mm　1/16
印　　张	16
字　　数	170 千字
版　　次	2018 年 6 月第一版
印　　次	2018 年 6 月第一次印刷
书　　号	ISBN 978-7-80257-948-4
定　　价	36.8 元

『父母在，人生尚有来处；
父母去，人生只剩归途。』
谨以此书献给我已逝去的父母和客家先人

哲学、科技与金融相融合的有益探索

毛振华

我和作者陈玉京博士并不熟悉，我的学生徐文龙博士跟我推荐了这本书，他说起作者从机关理论工作者到金融从业人员的丰富经历，以及这本书试图在中国儒学、西方现象学与最新金融科技的融合上做一番探讨，引起了我的兴趣。翻看这本书后，感觉其写法虽然有点随性，不太符合学术规范，但引经据典，下了不少功夫，内容也有些新意，于是我愿意为本书作序，也提出一些个人的想法。

“亲缘格局论是中华民族理论形态的文化试图走向后现代化的产物，它的主要奠基石毫无疑问是儒家学说。从其所奠基的儒家学说的根源看，主要有以下几个方面：一是原始儒家的思想；二是易经及易传内涵的思想；三是宋明理学，其中朱子、王阳明和王夫之的思想都有所汲取，四是客家文化传统所容蓄的思想。”从书中内容看，陈玉京博士对中国传统思想特别是儒家学说是十分熟稔的，基本做到了融会贯通，不愧为思想史家张岂之先生的高足。尤其是他想到了儒家易学思想与纯粹来自西方的现象学的融合，并提出：以

“无善无恶心之体”“乾坤并建”“理一分殊”以及“和而不同”，这些完全来自中国传统的经典语言来贯通中西方哲学的精髓。书中还说明了古老的《太极图》在亲缘格局论建构中的重要作用。这种想法很大胆，全球学术界在中西方思想融合方面虽然有一些探索，但是真正系统而深入的研究并不多。我在这方面没有做过深入研究，但是我乐见国内学者在这方面取得成果。

“亲缘格局”是作者提出的新概念。他说：“亲缘格局的人、物、事、理（包括家族传承的、亲友给予的、外在环境的若干方面），这些与‘我’有亲缘的东西在‘我’的格局中反身重构后得到的亲缘格局：它是真实的、惟一的、为‘我’自己所拥有的存在，是单个的个体的存在，其真正本质只在于‘我’自己的内在生命的秘密之中。”严格说来，这不是一个传统意义上的哲学概念提出方法，后面也没有对这概念本身做详尽的哲学论证，看来作者并不想拘泥于学术本身（作者也声明这本书只是提要，也许我们可以期待他写出严谨论证的著述），看其后文也可确知，其用意是在对接智能时代的数字资产。用数字资产体现的个体信用逐步取代国家信用，进而实现金融体系的变革，消除金融危机频繁发生之根源，这在A（人工智能）、B（大数据）、C（云计算）、D（区块链）、E（物联网）技术大行其道的智能时代也许是可以期待的事情，不管这本书是否做到了以“亲缘格局论”带动哲学、科技与金融的融合，但从这一点立论，我觉得其研究方向是对的，学术勇气值得赞赏。

信用行业是我的老本行，这方面我有一定的发言权，可以多说几句。1992年我参与创办了国内首家全国性信用评级公司——中国诚信证券评估有限公司，目前它是中国最大的评级机构。评级是舶来品，国际三大评级机构的风险意识、内部监控、评级技术和理念有许多值得学习的地方，但我也经常在想，中国已经成为一个经济大国，而且有着自己十分悠久的信用传统，是否应当在当代中国的经济金融实践中，把古老传统融入信用体系建设中呢？

《论语》中反复提到“信”字：可去食、去兵，但不能无信，“民无信不立”“人而无信，不知其可也。”儒家经常讲“仁义礼智信”这“五德”，其中“信”就是奠基性的德。有人将其对应于“金木水火土”这“五行”中的“土”，处于中心位置。按陈玉京博士在本书中的说法，“金木水火土”这“五行”“不是实体现象本身的描述，而是人、物、事、理之特征和相生相克关系的描述，它们随着人的亲缘格局的改变而不断改变。”我理解他的意思，可能是说，不管是什么道德，都是个体与个体之间关系的描述，靠亲缘格局的不断重构来建立自己内心自觉自愿去服从的道德才是具有根本性意义的。就信用而言，必定是靠人自身来建立的，而且最重要、最根本的是个体的信用。因为所谓国家和机构，都是由个体组成的，虽然从政治、经济、金融等不同领域来看有不同的运作规则，“集体利益”“组织行为”等要时刻处在我们的考量之中，但是信用作为与道德、契约联系最为紧密的一种“关系”建构，应该时刻着眼于个体是对的。

众所周知，国家信用很长时间以来一直是金融机构运作的重要支柱，特别是各国央行在金融体系中举足轻重，每一政策的出台都牵动着金融市场的敏感神经，以央行为核心的国家信用体系对于现代经济的运行居功至伟。但是也应看到，1929年美国大萧条及其以后的历次金融危机的发生，也与国外许多国家央行的政策失误关联甚多，特别是国家信用支撑的金融机构“大而不能倒”观点影响根深蒂固，某种程度上国外的一些金融机构在一定程度上绑架了国家信用，从而使国家信用在有时候成了某些利益集团或个人谋取私利的工具。本书附录中收了作者在《中国支付清算》发表的一篇文章，痛斥国家信用被滥用的现象，指出“金融资源被少数人的滥用始终是造成经济波动甚至金融危机的根源”，并提出要“把区块链技术在金融领域内的应用奠基于对个体（某个个人或某个企业）的金融行为、金融品质和资产及信用生成过程的追踪记录，从而推动金融创新向个性化、精细化、自我管理的方式纵深发展，从而从根本上改变以往金融行业以信息不对称挣钱、粗放式经营、追逐暴利的特征。”应该说，这样的分析和对策有较强的现实意义，值得我们认真研讨。

作者提出，“数字资产对应的是中产者一生的整体价值，不同于以往经济学关于人的生命周期中挣钱的波峰波谷理论，人的一生都在创造和数字资产对应的价值。如果和亲缘格局论强调的家族传承观念结合起来，则数字资产更是和人的代际传承的财富（价值）相对应。”“‘亲缘格局’这个词很可能就是为中产者量身定做的，因为他们着眼于资产的未来，着眼于家庭稳定和家族传承，所以他们比其他人群更加需要维护亲缘，放大格局，仅仅从字面上意思也可以看出中产者与亲缘格局确实有不解之‘亲缘’。”

在金融科技日新月异的新时代，作者这些思考有一定的现实根据和可行性。如果亲缘格局及其相关的数字资产理论得以充实完善，而且人工智能、区块链技术等确实能够起到较强支撑作用的话，我们从事信用体系建设过程中最难的个体信用评估问题、为中产者及其相关的民营企业提供金融服务问题有望得到解决，这是一件非常重要的事。个体信用评估牵涉太广，有法律、社会伦理、经济金融等诸多领域的问题，陈玉京博士提出，以技术手段实现个体数字资产的积累，并由此实现市场对个人、社会价值取向的某种引导，通过这种良性的双向互动，逐步实现个体数字资产与金融市场的对接，最终信用体系是建立在这种个体自愿与市场积累的基础之上。陈玉京博士认为，区块链技术有可能实现对个体数据资源的打包和加密，任何金融机构和其他市场机构都必须尊重个体对自身数据的拥有权和拿出来供某一方使用的决定权。区块链技术提倡的“去中心化”和“自身溯源、建构自身”的理念对于社会信用体系建设的重要意义也许就在于此。前段时间有些P2P机构擅自使用客户的数据，甚至有的机构靠出卖或购买未经许可的个人数据来谋利，这是钻法律不完善的空子，对于社会信用体系建设有百害而无一利。

总之，我很欣赏作者结合哲学理论对现实和未来的科技、金融做出的比较深入的思考。陈玉京博士早年从事理论研究工作，又经过金融一线的历练，在当今浮躁的社会氛围中，能坚持独立思考，而且在一定程度上还把握了哲学、科技和金融的前沿，很难得，让我们为他加油吧！是为序。

（作者为中诚信集团创始人、中诚信国际信用评级有限责任公司首席经济学家、中国人民大学经济研究所所长）

CONTENTS 目录

C O N T E N T S

导 言

亲缘格局论是在中华传统文化的基础上汲取西方现代哲学思想后形成的，是我将马克思关于人的存在是一切社会关系总和论题的一次中国化诠释。亲缘格局的人、物、事、理（包括家族传承的、亲友给予的、外在环境的若干方面），这些与“我”有亲缘的东西在“我”的格局中反身重构后得到的亲缘格局[①]：它是真实的、惟一的、为“我”自己所拥有的存在，是单个的个体的存在，其真正本

① “亲缘格局”是我自己创造的概念，用英语翻译似乎很难，勉强表达其意思：one’s personality being structured with something,somebody,etc, which is clicked with oneself. Personality 一般用来指示“人格”，我觉得它不只是心理学意义上的“人格”，而是个体的个性化的“格局”。也许将来真的流行了，“亲缘格局”的翻译还是用汉语拼音比较好，即“qin yuan ge ju”。在德语中，我找到一个相近语意的表达：das im Umbau befindliche Person，用英语表达即：the person which is being renovated，用汉语表达，大概意思是：（在亲缘中）正在逐步完善或重塑自己的人。

质只在于“我”自己的内在生命的秘密之中①。马克思把人的存在定义为一切社会关系的总和，同时又强调每一个个体的充分自由是共产主义实现的前提。如果就注重个体而不是群体而言，马克思关于人的存在的定义与亲缘格局的定义有相吻合之处，只不过我这里面对的是即将到来的智能时代，而且我所强调的不是共产主义的终极社会形态，而是每一个个体在时代大潮中的不懈努力的过程。具体的社会形态不能在想象中实现，只能在自觉的个体组成的群体的不懈努力中实现。亲缘格局论是对民族主义根本上的继承，同时又试图做出彻底超越民族主义的努力。从孙中山、章太炎、鲁迅到毛泽东，这些伟大的民族主义者在中国近现代革命史上留下了辉煌的印记，但有一点必须看清楚，他们的民族主义是在中华民族饱受西方列强欺凌的历史背景下产生的，变法图强是当时的主旋律，矫枉过正也是必要的过程。而我们当前面临的是中华民族全面复兴、全球化信息化的大背景，智能时代即将到来，所以要在更从容地面对西

---

① 亲缘格局论在本书中有一个重要指向：重塑价值评估体系，从而为智能时代的货币体系及经济学、金融学有所奠基。亲缘格局与主体的价值密切相关，也可以说亲缘格局就是“我”作为“此在”这一主体所具有的价值的集中体现。所谓“价值”，词源最初来自梵文的 wer（掩盖、保护）和 war（掩盖、加固），拉丁文的 vallo（用堤坝护住、加固）、valeo（成为有力量的、坚固的、健康的）和 valus（堤坝），具有“对人有掩护、保持、维持作用”的意思，后来演化出“可珍贵、可重视、可尊重”等词义。（关于价值词义的来源，参考李德顺主编的《价值学大词典》P261，中国人民大学出版社 1995 年。）显然，人作为具有一定时间、空间中的某种亲缘格局的存在，就是“可珍贵、可重视、可尊重”的，而且只要人是有理性的存在，这些“可珍惜、令人重视、可尊重”的价值是可以随着人的生命的延续而不断增殖的。按照本书中的说法，个体的亲缘格局之绵延、接续，以及彼此之间在特定的时间、空间中的融合，还形成为“宙合”。“宙合”是亲缘格局在特定时间、空间中的总和，也可以理解为具有一定价值的个体组成的共同体，它是一个源自《管子》的中国古语，在英语或德语中没有对应的词，只能用汉语拼音来表达，即“zhou he”。

方文化、更深入地了解中华传统文化的基础上，奠定超越近代以来一百多年东西方文化论争的新的哲学基点。经过改革开放四十年的中国，已经在物质财富方面达到了高峰形态，而且在近现代革命的洗礼中成长起来的中国国民在精神文化形态上也已经具备了超越民族主义的基础[①]，特别是在互联网经济金融[②]的模式上中国有可能引领世界的发展，这些都为我们提出站在时代前列的哲学思想提供了诸多有利条件。站在时代前列的哲学必定是要超越民族主义的。

亲缘格局论是中华民族理论形态的文化试图走向后现代化的产物，它的主要奠基石毫无疑问是儒家学说。从其所奠基的儒家学说的根源看，主要有以下几个方面：一是原始儒家的思想；二是易经及易传内涵的思想；三是宋明理学，其中朱子、王阳明和王夫之

---

① 日本学者竹内好在《日本人的中国观》中提出，中国的现代化固然在形式上落后于日本，但是却是在主体重构的基础上完成的，因此，在质量上，中国的现代化远远胜过日本。对于竹内的这一看法，我们要辩证地看待。中国的辛亥革命推翻了帝制，中华人民共和国的建立在普通民众中种下了民主平等的基因，在对外政策上总体不受制于美、苏等大国而有相当大的自主性，中国地域辽阔、市场空间广阔，这些都是中国现代化比日本优越的条件。但是中国近现代以来受到各种文化的冲击，乡村凋零，民族传统衰败，特别是“文化大革命”对精英文化阶层的整体压制，这些又是相比于日本现代化不利的地方。我觉得，竹内那样说很大程度上是因为他对鲁迅的研究和对鲁迅的崇敬之情，鲁迅代表了中华民族的彻底觉醒的那代人，鲁迅的精神状态是日本文人无法超越的，而且鲁迅精神对现代中国一代又一代的青年人产生了巨大影响。“当所有通向进步的道路都被封闭了，所有新的希望都被粉碎了的时候，才能积淀起鲁迅那样的人格吧。不是旧的东西变成新的，而是旧的东西就以它旧的面貌而承担新的使命——只有在这样一种极限条件下才能产生这样的人格。鲁迅那样的人在进步没有边界的欧洲社会中是不会诞生的吧。而在处于进步的幻想之中的日本，也是不会产生的吧。不仅不会产生，甚至也不具备理解它的能力。”——竹内好：《近代的超克》中译本，生活·读书·新知三联书店，2016 年，第 283 页。

② 在我看来，中本聪发明的比特币及其底层技术区块链的应用真正揭开了互联网金融的大幕，从而使互联网上的价值评估、转移和交易成为可以实现的场景。区块链技术必须以虚拟货币的使用为基础，才能真正动摇传统金融体系的根基，也才能真正实现从国家信用（必然要被滥用）逐步转向积累个体信用，使金融资源分配的合理化从理想（马克思、凯恩斯都有这样的理想）化为现实。

的思想都有所汲取；四是客家文化传统所容蓄的思想。作为客家人的后裔，我在继承和梳理中华民族理论形态的文化时，深深感到有一种“民族魂”渗透在千年客家人迁徙、集聚、传承、扩散的过程中。这种“民族魂”在近现代中国革命中表现得甚为充分，但至今没有被明确地提炼成理论形态，而中华民族此时又已经跨越历史的沧桑，在某种程度上正在引领亚洲乃至世界文化发展的新进程，所以我不揣浅陋，将这种“民族魂”的模糊形态直接纳入亲缘格局论中，试图在儒家学说走向后现代化的进程中将它融合进来。这种融合的理论意义有待在将来的实践中得到人们的评估，但是我预感到它的冲击力将是巨大的。在此之前特别是20世纪七八十年代，以“亚洲四小龙”为代表的国家和地区在走向现代化的过程中，有些学者已经做过一次儒学现代化的努力（即所谓现代新儒家），成果虽然不少，但是并不为世界包括中国大陆的学者所承认。在我看来，这一波儒学现代化的努力之所以显得有点半途而废，主要在于他们受制于地域和视域的局限，无法找到中华民族的魂。日本学者试图以禅学与王阳明心学为根基来改造西方文化，虽然也取得了成果，但禅学与王阳明心学的历史积淀毕竟还是太浅，而且主要侧重于心性修养方面的理论建树，和绵延数千年的中国古典思想、西方哲学思想比起来，厚度和广度都不够，要超越更是不可能。21世纪初，中华民族在过去四十年改革开放快速积累物质财富的基础上，正在走向全面复兴，其中最重要最根本的“中华民族文化复兴”只有在中西思想文化站在对等的平台对话和交流才有可能。

中西方文化的大范围对话至少已经有150年的历史了，只有在今天才有了基本对等的对话基础。这不仅仅是由于物质财富方面的积累，更重要的是中国在经济、金融还有政治等多个领域已经大范围吸收了西方文化的若干因素，改革开放后走出国门的几代人都已经学成回国，现实层面的物质文化生活在很大程度上已经和西方融为一体。目前最需要的是对话思维方式的转变，即要把胡塞尔、海德格尔、维特根斯坦等人倡导的“面向实事本身”的思维方式彻底落实在实际生活层面。亲缘格局论倡导把人、物、事、理摆到一个平面上来理解，有可能会造成这样一种态势：太阳底下无新事，无论是中国人还是西方人，遭遇的实际生活场景从根本上看是相似的。一切从实际生活场景出发（智能时代的大数据思维可以做到这一点）来理解过往的理论形态的思想文化，对话就有了真正对等的平台。中华民族的思想文化首先应成为亚洲的乃至世界的，才能真正成为世界承认的本民族的思想文化。我所做出的努力只是“中华文化复兴”中一个小小的支流，但我希望这个支流是延续五千年中华文化正脉①的，而且最终能流入大海的。而且即使它是一个小小的支流，也不是我一个人的力量所能完成的，我期待更多的人来关注亲缘格局论，使它能够汇入更多的水流，一路积聚力量，直到爆发洪流的那一刻，才能有希望最终流入大海。

亲缘格局之存在是毋庸置疑的，只不过千百年来没有人用合适的概念来表达它而已。在儒家往圣先贤那里，亲缘格局得到了充

① 这一正脉数千年绵延不绝，如果接续上红山文化，至少有五六千年之久远的历史。红山文化坛、庙、冢，代表了已知的中国北方地区史前文化的最高水平，专家们因而对中华文明起源史、中华古国史进行了新的思考；把中华文明起源史的研究，从四千年前提早到五六千年前；把中华古国史的研究，从黄河流域扩大到燕山以北的西辽河流域。以燕辽文化为代表的中华古文化如果有足够的证据得以向北拓展，将使游牧民族和中华民族的文化交融时间进一步拉长，汉文化融入的诸多异族因素也需要重新加以思考。假如有了这个历史基础，蒙元和满清作为汉民族的异族征服中原并统治中国的历史也可能会得到更多的同情的解释。但是到目前为止，还没有足够的历史证据来表明这种文化融合是充分的、长久的，所以所谓中华民族文化的正脉的根据仍然在以中原为中心的那些地域里来寻找。

分的证明，他们以自己的一生在实践着知人、识物、行事、明理，亲缘格局得到了极高的提升，成为后人的楷模。对于孔子的亲缘格局，最好的描述来自颜回。“颜渊喟然叹曰：仰之弥高，钻之弥坚，瞻之在前，忽焉在后。夫子循循然善诱人，博我以文，约我以礼。欲罢不能，既竭吾才。如有所立卓尔。虽欲从之，末由也已。”（《论语・子罕》）孔子自己则说得比较直白而谦逊：“吾十有五而志于学，三十而立，四十而不惑，五十而知天命，六十而耳顺，七十而从心所欲不逾矩。”（《论语・为政》）孟子这段话更是家喻户晓：“故天将降大任于是（斯）人也，必先苦其心志，劳其筋骨，饿其体肤，空乏其身，行拂乱其所为，所以动心忍性，曾益其所不能。”（《孟子・告子下》）北宋程颢说：“仁者，以天地万物为一体，莫非己也。……故博施济众，乃圣人之功用。”（《河南程氏遗书卷二》）“太山为高矣，然太山顶上，已不属太山。虽尧舜之事，亦只是如太虚中一点浮云过目。”（《河南程氏遗书卷三》）北宋张载辞官回关中讲学，终身清贫，他的豪言令人敬佩不已：“为天地立心，为生民立命，为往圣继绝学，为万世开太平。”南宋朱子最突出的是传承和实践了原始儒家的理性精神，他的诗句“问渠哪得清如许？为有源头活水来”是对亲缘格局之核心渊源的说明。明代王阳明一生受尽磨难，晚年事功斐然，他临终只有一句话：“我心光明，夫复何言！”[①]明清之际的王夫之参加抗清失利后隐居乡间，潜心著述[②]，自谓：“六经责我开生面，七尺从天乞活埋”，如此等等，气概非凡，高山仰止，虽不能至，我辈心向往之。即使过了千百年、到了21世纪，往圣先贤的亲缘格局仍然不时浮现在我们面前，给予我们强大精神支撑，拨响我们向往精神自由的心弦。

---

① 王阳明的这句遗言有点佛家色彩，是对自己心的解脱，但在我看来，阳明的一生是充满坎坷和遗憾的。晚年的事功斐然，说到底都是一些阳明并不想要的事功：南赣剿匪，阳明并不认为他们是匪，实际上是迫于生计而造反的山民，阳明对他们的处置是新设崇义县，用土地和教化安顿他们；平定宁王朱宸濠的叛乱，则是参与了朱家王朝的家事，把阳明一个心爱弟子的命搭了进去，他自己也差点遭到陷害。他在搞了这些事以后辞官回家，本来想安心学问教化，却在病中被宣旨到广西继续剿匪，以至于病入膏肓，死在回家的半路上。我说阳明的故事是为了说明一个道理，历史上坚持心性修养的儒家先哲们，如我所列举的那些，几乎没有一个是成就了平常事物意义上的大事业的，这一点必须引起我们的重视，要了解心性修养本身和平常事功的方法论、人性论之不同，儒家心性论本身是有缺陷的。但同时，我们也并不赞同成王败寇的思想，毕竟人活着的目标是多样化的，即使是青史留名也有各种不同的名。这些是我提出亲缘格局论的儒家思想史背景。无论当时有什么样的事功实现，都无法保证亲缘格局的完善性、可传承性。只有那些在一生中不断地提升亲缘格局的往圣先贤，才会永远留存在历史的记忆里。

② 王博在他的著作中对儒家政治实践与其社会理想的矛盾与张力进行了论述，其实这种矛盾与张力在孔子及其弟子那里就已经很明显。王博说：“事实上，只要你踏入了政治世界，理想的东西就会逐渐地退场，并突显出道在这个世界中落实的艰难。道和权力之间的紧张关系经常以拥有道的一方对于权力的妥协来结束。孔子、冉有、子路等的从政经历可以看作是儒家最早的政治实践，开启了后来儒家和政治权力之间复杂关系的大门。”王博：《中国儒学史·先秦卷》，北京大学出版社，2011年，第57页。王夫之也是如此，他在抗清复明的仕途上屡遭挫折，甚至他欣赏或欣赏他的几个人（如章旷、堵胤锡、瞿式耜、严起恒等）也同样陷入晚明政治斗争的泥淖中，作为一个怀抱救亡理想而不屑于营私的儒者，经历这一切，心中的痛楚非常人能够理解。

一

个性张扬及其内外张力之表现

1.　哲学是研究个体还是群体的学问？这应该是一个区分哲学流派的根本问题。哲学史上有关于唯物唯心的争论，有关于宇宙论和本体论的争论，后来又有语言哲学和分析哲学等，在我看来，这些都无关宏旨，重要的是，哲学研究到底应该着眼于个体还是群体。

1.1　苏格拉底是以研究个体为着眼点的，他喜欢到希腊城邦的广场上找人辩论，他说："我的母亲是个助产婆，我要追随她的脚步，我是个精神上的助产士，帮助别人产生自己的思想。"他提出的问题虽然都很大，但是希望得到的是个性化的回答。最有趣的莫过于他和柏拉图堂弟格老孔的对话。格老孔和大多数有抱负的年轻人一样，发出要为城邦做伟大贡献的宏论，苏格拉底就说你试试改变一下你叔叔家的福利吧。格老孔表示为难。可见，苏格拉底充分认识到了个体的差异性，对那些具有普遍意义的“自然法”，他虽然表示尊重，但同时也有质疑。雅典人判他死刑，学生们都想救他，他认为法律是解决普遍问题的，自己不要成为例外，但他内心不认为这些不让人说真话的法律是错的吗？他拒绝求救而慷慨就死，成就了他伟大的个性，也让后人知道“认识你自己”是多么重要而困难的事。很可惜，他的学生柏拉图没有继承苏格拉底的谦虚，他一心要当“哲学王”，他想把虚拟的王国当成真实的王国来实践[①]，这就不可避免地把想象中的概念当成了普遍真理，给西方哲学开了一个很坏的头。当然，思想史不能重来，基督教在中世纪入世很深，不能不说和柏拉图以来的哲学传统有密切关系。

孔子的着眼点是道德和政治，应该说是群体观念很强，但他的教学是着眼于个性的。他强调有教无类、教学相长，对同样的问题总是针对不同的人有不同的答案。一部《论语》描绘了他和弟子们丰富的个性，老师和学生都是那么充满灵性、有旺盛的求知欲和生活情趣。宋明理学是原始儒家的发扬者，同时也受禅宗思想的深刻影响，当然是着眼于个体精神追求的（即所谓心性论），朱子编出的

---

① 苏格拉底强调“知识即德性，无知即罪恶”，也就是过于强调人性中理性的重要性，对人性中情感等非理性因素有所忽略，这是对当时希腊城邦中仍然高扬酒神精神的一种反叛，但并不表明他不重视人的个性的发挥。柏拉图对苏格拉底之死痛心疾首，从而对希腊城邦中弥漫的非理性气氛痛心疾首，这也许可以解释柏拉图格外重视“理念”不变及其范式作用的哲学要义的成因。由于苏格拉底的思想都是在柏拉图撰写的《对话》中体现的，人们往往难于分清哪些是苏格拉底的思想、哪些是柏拉图的思想，我想，是否重视个性发挥也许可以作为判别标准之一。苏格拉底助产术的精髓所在，就是“不把观点从外面强加于人，不盛气凌人地宣旨颁诏，而是让对方自己去领会和体悟。”张志伟：《西方哲学十五讲》，北京大学出版社，2004 年，第 64 页。而所谓辩证法，不能只强调抽象思维，而必须同时强调个性、具体性，强调生活中的真理，强调“自得之理”，才是其生命活力之所在。

所谓儒家道统——孔子、孟子、周敦颐、二程，他们都是很讲个性的，并不像董仲舒那样只强调为官方意识形态服务的儒家。然而，朱子充满个性的思想却由于《四书集注》成了官方教材而湮没了，直到王阳明才把朱子的内核找了出来，编成《朱子晚年定论》。理学主张“存天理，灭人欲”，本来是对哲学家个体心性培养的要求，却被世俗社会曲解为对普罗大众的道德要求，这不能不说是极大的悲哀，是我们民族陷于帝王专制制度两千年所导致的悲哀！

西方资本主义精神起源于文艺复兴对人性的解放，说得更明确一点是对个体生命力的解放。路德和加尔文搞的新教强调“因信称义”，信仰就可得救，每个人都可以和上帝直接沟通。新教伦理和资本主义精神的关系在韦伯那里得到了详细的阐明，事实上确实也是有些关系的。资本家同时也是基督教信仰者，他们为赚钱而赚钱，资本增殖对于他们的意义就是在上帝那里成为选民而得救。得救当然是个体的事。他们不像大乘佛教那样普度众生的宏愿，只是想自己得救，家人和朋友都代替不了他自己。

资本主义起源于个体精神的解放，但是资本运动的机制却不是个体的行为所能完成的，深刻的矛盾就出在这里，400 多年来的难题也在这里。在资本主义初创期，工人被残酷剥削，资本家赚钱是在做疯狂的原始积累，到一定程度时这个游戏就玩不下去了（如马克思所描绘的）。因为工人的消费能力很有限，资本家也基本上不消费，他们都没有什么个性可言，只是资本主义赚钱链条上的一个环节。消费不足，大量生产能力的释放必然导致生产过剩，这是最早的经济危机的模式。后来资本主义国家的介入解决了部分问题（当然帝国主义的殖民更是其解决办法之一）。渐渐地，资本主义国家的死结好像有解开的迹象。蛋糕越做越大，工人除了挣工资，还能参与股份公司购买股票。资本家除了辛苦赚钱似乎也开始享受生活了。然而，资本运动给人带来的异化并没有终止。资本主义与生俱来的赚钱冲动很快把金融资本的地位抬高了。金融资本占据主导地位，资本主义按照新的规则（如凯恩斯所描绘的）来运行了。金融资本的拥有者钱来得容易，去得也快，他们喜欢在对不对称信息的把握中、在金融市场的波动中寻求存在感。他们极富个性，可惜只是极少数人的个性。金融资源分配严重地向极少数人倾斜，他们的存在感得到满足了，他们走后的一地鸡毛很难收拾！ 海德格尔的困惑和他笔下的焦虑的“此在”①（希望有存在感的人）正是资本主义困境的反映。现代性的困境在以往资本主义的运作模式下是无解的（特别是在金融资本的强压下，极端不公平的社会资源分配机制更是

① “此在”（Da sein）是海德格尔的哲学用语，翻译成中文的还有“缘在”“定在”等。关于Da，张祥龙认为就是“缘”，他说：“海德格尔用它来表示人是这样的一种存在者，它（他或她）总是处在解释学的情境构成之中，而且总是在彼此的相互牵引之中打开了一个透亮的（有意蕴的）生存空间”或存在的可能。”他认为“缘在”就是解释学和现象学化了的人本身，就是“我们自己总是的那样一种是者或存在者。”张祥龙：《海德格尔思想和中国天道》，生活·读书·新知三联书店，1996年，第92–94页。

海德格尔的“此在”是孤独的、焦虑的，是活在“常人”之中的孤独的、焦虑的人。但说白了，他是一个抽象的人，无性的人，而不是活生生的个体的人。在这一点上他甚至不如中国先秦时代的孔子和庄子等。海德格尔有段时期特别关注中国道家的思想，晚年也和日本的禅学家接触过，但毕竟思想文化的情境相差太远，他不能完全理解，当然更无法实现中西方文化的真正融合。亲缘格局论立足于新的时代，有可能在海德格尔“此在 ”哲学意蕴的基础上实现某种超越。可参阅张祥龙《海德格尔思想和中国天道》，生活·读书·新知三联书店，1996年。

强化了这种困境）[1]。科学技术的发明需要个体智慧的高度发挥，但是其运用于生产实践却一点也不需要个性。正如刚才谈到的金融大鳄一样，他们的个性是建立在无数普通的“金融民工”的无趣劳作之上。

历史上，我们祖先在农业文明基础上发展出来的周秦汉唐文化是非常注重个性发扬的。先秦诸子的文采飞扬，秦皇汉武在攻城略地和打击异族时的风采，大唐对各族文化的兼收并蓄以及才华横溢的各路诗人，宋代思想家和文化名人辈出，这些都是我们中华民族先人个性突出的表现。只可惜，“厓山之后无中华”，蒙元和朱家王朝把我们民族的个性硬生生地消灭殆尽，直到王阳明的心学才发出一声呐喊。满清占领中国全境，奴才文化再一次打压了刚刚兴起的“民族魂”，直到帝国主义的坚船利炮打开国门。

1.2　一般认为尼采的哲学是充满个性色彩的，他的“超人”给世人以极强的个性形象，然而，在我看来，他的早期著作《悲剧的诞生》对于人的个性及其张扬方式有更深刻的解读，主要表现在日神和酒神的二元冲动的斗争和和解。“日神只承认一个法则——对个人界限的遵守，即希腊人所说的适度。但酒神冲动不断打破这一法则，将过度显现为真理。这两种冲动经过长期斗争，终于达成和解，在希腊悲剧身上庆祝其神秘的婚盟。”[2]“在这里（音乐和悲剧

---

① 陈玉京：从金融资源分配的合理性看区块链数字资产的革命性 [M]. 中国支付清算。

② 尼采：《悲剧的诞生》中译本，译林出版社，2014 年，第 17 页。

神话），酒神因素比之于日神因素，显示为永恒的本原的艺术力量，归根到底，是它呼唤整个现象世界进入人生。在人生中，必须有一种新的美化的外观，以使生气勃勃的个体化世界执着于生命。我们不妨设想一下不谐和音化身为人，否则人是什么呢？那么，这个不谐和音为了能够生存，就需要一种壮丽的幻觉，以美的面纱遮住它自己的本来面目。这就是日神的真正艺术目的。”①

1.2.1 个性的过度张扬是危险的。为了遏制和引导个性的发展，希腊人发明了悲剧艺术和理性精神。其中，“日神是个性化原理的神圣形象，酒神的本质在于个性化原理崩溃时从人的最内在基础上升起的充满幸福的狂喜。在酒神状态中，人与人、人与自然融为了一体，人成了大自然本身艺术能力的艺术品。”②而苏格拉底主义的核心是用理性逻辑来否定本能，“在他身上逻辑天性因重孕而过度发达，恰如在神秘主义者身上直觉智慧过度发达一样。然而，另一方面，苏格拉底身上出现的逻辑冲动对自己却完全不讲逻辑，它奔腾无羁，表现为一种自然力，如同我们所见到的那种最强大的本能力量一样，令我们颤栗惊诧。”③尼采说，苏格拉底的非理性最彻底的表现是他在从容赴死，在他的理性和非理性与希腊国民的理性和非理性冲突达到最激烈的状态时，他只能选择从容赴死而不是逃走。

---

① 尼采：《悲剧的诞生》中译本，译林出版社，2014 年，第 117 页。

② 尼采：《悲剧的诞生》中译本，译林出版社，2014 年，第 4 页。

③ 尼采：《悲剧的诞生》中译本，译林出版社，2014 年，第 64 页。

1.3　在孔子创立的儒家学说中，同样有理性和非理性的斗争与和谐，但儒家的办法是让它们的冲突消解在道德伦理中。君子（其最高境界是“仁者”）的亲缘格局中有很多精神要素，最核心的要素是“仁”，“我欲仁，斯仁至矣。”“仁者与天地万物为一体。”“穷则独善其身，达则兼济天下。”但在现实生活中，特别是在政治生活中，真的是可以做到这样从容不迫、优雅大度，角色可以转换得这么快吗？不同的人在不同的情境下肯定会表现出沮丧、困惑甚至某种程度上的绝望，所以儒家又说，“诚”和“仁”也同样重要。不管是悲还是喜，是绝望还是欢欣，表现就表现出来了，不要装。

1.3.1 《论语》中关于“仁”的解说多种多样，很难做出明确的概括。事实上，由于中国自古以来就没有明确概念为支撑的哲学理念系统，“仁”一直到最发达的宋明理学那里也没有得到明确的概念解说。所以只能说“仁”是构成亲缘格局的要素，是儒家对于“我”（作为此在）希望成就君子的一种要求，而不是明确的概念。巧言令色被认为是“我”面对亲缘格局的一种伪装，是出于讨好某人或某种利益需要而故意做出的姿态，这种伪装和姿态为什么就和仁心格格不入呢？这大概是因为，巧言令色是和君子亲缘格局中的另一核心要素“诚”是对立的。在这里，仁心和诚心是画等号的。

1.3.1.1　孔子思想体系的核心是“仁”，《论语》中论“仁”的有58章，“仁”字出现了109次之多。他对“仁”有多方面的阐释。樊迟问“仁”，他答曰“爱人”。颜渊问“仁”，他说：“克己复礼为仁”。仲弓问“仁”，他答说：“出门如见大宾，使民如承大祭，己所不欲勿施于人，在邦勿怨，在家勿怨。”(《论语·颜渊》)子贡问“仁”，孔子说：“夫仁者，已欲立而立人，已欲达而达人。”子张问“仁”，孔子答曰：“恭、宽、信、敏、惠”(《论语·阳货》)。孔子主张“仁政德治”，(《论语·为政》)要求“志士仁人，无求生以害仁，有杀身以成仁”。(《论语·卫灵公》)“泛爱众而亲仁”(《论语·学而》)“君子无终食之间违仁，造次必于是，颠沛必于是。”(《论语·里仁》)“志于道，据于德，依于仁，游于艺。”(《论语·述而》)他说：“人而不仁，如礼何？人而不仁，如乐何？”(《论语·八佾》)“不仁者，不可以久处约，不可以长处乐，仁者安仁，智者利仁”。“唯仁者能好人，能恶人。”(《论语·里仁》)《论语》中讲了这么多“仁”，在不同的语境下说的“仁”具有不同的内涵，让我们不大好把握“仁者”的格局。

《论语》中，品论管仲的地方共有四处，分别是《八佾》一处，《宪问》三处。透过这四处品论，我们可以大致看出得出孔子心目中“仁者”的格局是什么样的。

首先是在在《八佾》篇中，有这样一段没头没脑的话。子曰：“管仲之器小哉！”或曰：“管仲俭乎？ ”曰：“管氏有三归，官事不摄，焉得俭？”“然则管仲知礼乎？”曰：“邦君树塞门，管氏亦树塞门；邦君为两君之好有反坫，管氏亦有反坫。管氏而知礼，孰不知礼？”由于语录体文本的缺憾，我们不知道这里的语境，孔子为什么会发出管仲“器小”的感慨？历代注家都把“器小”解释成“气度狭小”，说管仲还不够“大仁”，因为他还有一些不够完美的地方。如他不节俭，有三处家室，手下管事的人从不兼职。再比如他不知礼，国君宫殿门前立了一个塞门，他家里也立了一个；国君设宴招待外国君主，在堂上两楹间设有放置酒杯的土台，他家也有这样的土台。孔子对管仲的所作所为进行批评，出发点是儒家一贯倡导的“节俭”和“礼制”。

《论语·宪问》有三段话涉及管仲。

第一段。或问子产。子曰：“惠人也。”问子西。曰：“彼哉！彼哉！”问管仲。曰：“人也。夺伯氏骈邑三百，饭疏食，没齿无怨言。”虽然孔子对“仁”的诠释不尽一致，概括起来就是“仁者人也”“仁者爱人”。

第二段。子路问：“桓公杀公子纠，召忽死之，管仲不死，曰：未仁乎？”孔子毫不犹豫地回答说：“桓公九合诸侯，不以兵车，管仲之力也。如其仁，如其仁。”（《论语·宪问》）管仲佐桓公“九合诸侯”，虽有军事实力，然而他不穷兵黩武，以力服人。谁能像他那样“仁”呢？

第三段，子贡又问类似的问题。孔子又说：“管仲相桓公，霸诸侯，一匡天下，民至于今受其赐。微管仲，吾其被发左衽矣。”（《论语·宪问》）孔子认为，管仲能在周室衰微、礼崩乐坏、诸侯各为其政的动荡年代，维护了周天子的尊严，消弭各诸侯国之间的战争，并联合多方诸侯，抵御了威胁中原安定的夷狄，保卫了华夏文明，因而是“仁”的。可见，孔子为管仲提出的“仁”的含义由“爱人”（尊重人的价值）升华到保卫华夏文明和华夏民族整体利益的高度来认识。

管仲出身贫寒，为了自己和老母的生存，当年和好友鲍叔牙一起经商没少占人家的便宜，而且为主子殉节这样的事他肯定是不会做的。从这个角度看，孔子说管仲“器小”是有道理的。至于节俭和知礼这些儒者认为是极大的事，管仲也不以为然，这就让孔子感到很无奈了。但是，孔子毕竟是有恢宏历史眼光的“仁者”，他一生最热衷的事是经世济民，而且他本人最不成功的也是这一方面。这就不难理解，为什么孔子要把管仲的私德放在一边，仰慕管仲相齐的丰功伟绩，高度赞扬管仲是“仁者”。

孔子对于管仲的赞赏可以从其作为个体的亲缘格局来探讨。在孔子看来，管仲作为雄才大略的政治家，其个性的张扬虽然有点过分，但其亲缘格局达到了与国人欲望、利益、情感、理性（文化）等多方面相联系的高度。国人为了支持管仲的抱负（理性或文化），甚至可以克服自己的利益和欲望层面的东西。也就是说，个人的经济行为可以支持国家民族的利益。由于管仲为国家民族建功立业不遗余力，其亲缘格局拓展和提升的空间相当之大，以至于不仅和齐国的国君上层，甚至和老百姓的亲缘格局都达到了深度融合，怪不得孔子赞叹“如其仁，如其仁”了！

可惜，孔子对历史人物的理性态度没有得到后来儒者的继承，从孟子开始就对管仲的功绩就不以为然。公孙丑问曰：“夫子当路于齐，管仲、晏子之功，可复许乎？”孟子曰：“子诚齐人也，知管仲、晏子而已矣。或问乎曾西曰：‘吾子与子路孰贤？’曾西蹴然曰：‘吾先子之所畏也。’曰：‘然则吾子与管仲孰贤？’曾西艴然不悦，曰：‘尔何曾比予于管仲？管仲得君如彼其专也，行乎国政如彼其久也，功烈如彼其卑也；尔何曾比予于是？’”曰：“管仲，曾西之所不为也，而子为我愿之乎？”曰：“管仲以其君霸，晏子以其君显。

管仲、晏子犹不足为与？”曰：“以齐王，由反手也。”（《孟子·公孙丑上》）

（孟子）曰：“……桓公之于管仲，学焉而后臣之，故不劳而霸。今天下地丑德齐，莫能相当尚，无他，好臣其所教，而不好臣其所受教。汤之于伊尹，桓公之于管仲，则不敢召。管仲且犹不可召，而况不为管仲者乎？”（《公孙丑下》）

在孟子这样“不（屑）为管仲者”的儒者看来，心性修养是最重要的事，功业只要得到一定的位置就轻而易举地能完成，关键在于说服当权者实施仁政，所以他认为管仲本人没啥了不起的。然而，历史和实践表明，在社会上做事，特别是经世济民的事，和心性修养比起来完全不是一个路子。从孔孟以后两千多年间，只有屈指可数的可以称得上思想家的儒者建立了功业，比如张居正和王阳明，而王莽、王安石、康有为等人扮演的都是改革失败的悲情角色。

1.3.1.2　应该说，虽然建功立业对儒家创始人来说是可遇不可求的，但因为对历史和易学作了认真研究，并具有非凡的领悟力，原始儒家从一开端就从理性的（文化的）层面观察和实践人生，建立了心性修养的良好基础，从而奠定了其亲缘格局的高层次[①]。“子曰：吾十有五而志于学，三十而立，四十而不惑，五十而知天命，

① 张祥龙对原始儒家的“仁”的境界的理解可供参考：“‘仁’绝不止是一个道德原则，而是一个总能走出自我封闭的圈套而获得交构视域的‘存在论解释学’的发生境界，与诗境、乐境大有干系。……礼乐教化、仁义德行在许多儒者那里又蜕变成了遮蔽人的原初生存视野的、制度化了和伦理化了的框架。真正的配天之德只在那朴真自然、与天地一气相通的道境，也就是人的天然视域之中。”引自张祥龙：《海德格尔思想和中国天道》，生活·读书·新知三联书店，1996年，第11页。

六十而耳顺，七十而从心所欲，不逾矩。”（《论语·为政》）孔子这段话令人惊叹，每一个中国的知识分子经过艰苦的心性磨炼，每个年龄段的特征何其相似乃尔！按照儒家的这套说法，几乎都能完成标准化的人生历程和亲缘格局！这说明，虽然每个人的亲缘格局各不相同，但是中国的知识分子作为此在的强大的共通性不能不引起我们的深思。是什么造成了这样强大的共通性，是文化传承的力量？还是人性和文化的交融？是天命使然？还是孔子的话有强烈的暗示作用？

当然，这种共通性的存在是对有超越之心的真正的知识分子而言的，后来沦为“乡愿”的文化人（他们与“常人”的亲缘格局无异）是体会不到所有这些超越的阶段的，甚至到老死也不能到达“不惑”的阶段。他们的一生沉迷于利益和欲望的纠缠，甘心受利益相关者的摆布，分裂人格的特征始终折磨着他们的灵魂。

1.3.1.3　在孔子看来，虽然像管仲那样经世济民的事功固然值得赞赏，但如果没有这样的事功，照样可以成就完美的人生，像颜回那样，“一箪食，一瓢饮，在陋巷，人不堪其忧，回也不改其乐。”（《论语·雍也》）乐在成就仁德的过程中，乐在个体的心性修养中。还有一句话很重要，“富而可求也，虽执鞭之士，吾亦为之，如不可求，从吾所好。”（《论语·述而》）也就是说，作为普通的个体，其行为修养要建立在仁义道德的基础之上，而且即使建立不了大的功业，只要修养到位，也能有较高层次的亲缘格局，这是儒家的基本观点。

在孔子看来，内在的道德信条和外在的礼乐应该统一而且必然是统一的，然而，在社会实际中这两者往往是难以统一的。“子曰：人而不仁，如礼何？人而不仁，如乐何？”（《论语·八佾》）那些公卿大族对礼乐的大胆运用，引起了孔子的担忧甚至是愤怒，说明孔子心目中的道德信条是和礼乐这样的外在形式紧密结合的，不遵循周代礼制关于礼乐运用的规范，和“仁”就不沾边了。这里也暴露出孔子道德思想中的一个严重问题，即外在的形式可以用强制性的手段来统一，但是人心是无法用强制性的手段来统一的。强行的统一必然带来虚伪文饰的盛行，导致那些假道德之名沽名钓誉或者置人于不仁不义之地甚至死地的现象大量出现，就像古往今来的无数历史事实所显示的那样。这种严重问题在历朝历代都广泛存在，但是人们仍然迷信儒家的那些礼制和道德教条的力量是无穷的，这不能不说是中国历史上的一大吊诡。到了现代社会，利益格局和人的个性更加多样化，道德信条和礼乐文明更加失去了其强制性的存在，所以，我们不能不深思历史上的那些虚伪文饰的盛行对社会公德和个人私德本身所带来的严重危害，切实认识到道德的局限性，同时才能拓展道德所适应的时空范围。要从每一个体的亲缘格局着眼，挖掘其作为此在的共通性。只有建立在这些共通性基础上的道德信条，才是人们愿意主动接受并长久奉行的。即使如此，也不能唯道德主义，要时刻警惕道德的局限性和个体亲缘格局所导致的道德所适应的时空范围。

1.3.1.4　儒家讲孝悌是仁的根本，从血缘格局（“我”所拥有的与生俱来的亲缘格局——血缘格局）的天然性有一定道理。父母和兄弟姐妹是组成“我”的家庭的基本元素，孝悌就是这个血缘格局的基本情感纽带。在血缘格局中，“我”是无可选择的，孝顺父母、与兄弟姐妹和睦是天然情感的要求，但这不是能够轻而易举做到的，因为“我”与我本身就时常冲突不已，更何况他们是外在于我的人呢？再加上，虽然他们是“我”天然地最亲近的人，但不一定他们就比“朋”更能理解“我”的内心，也不一定就比他人和“我”少一些利益上的交集，所以要真正做到孝悌并不那么简单。比如李世民、朱棣、胤祯他们也是讲孝悌的，但一旦面临重大利益的考验，则会毫不犹豫地对自己的兄弟下手。

儒家强调爱有差等，朱熹说：“仁主于爱，爱莫大于爱亲”，这是所谓“本立而道生”的根据所在。在爱有差等为基础建立的家族统治，在农业社会是有效的，因为人们被家族的利益固化在一定地域内从事农业生产和文明礼仪教育，在一定程度上有利于维持封建社会的稳定，但是说做到了孝悌，就很少会犯上作乱，这在逻辑上是不成立的。上下级关系或阶级关系所构成的亲缘格局和血缘格局并没有多少交集：无论从利益、心理还是文化各个方面看，上下级关系或阶级关系所构成的亲缘格局更多呈现出对抗而不是和谐的一面；血缘格局的稳固，会让人们在亲情的氛围中获得满足感和稳定感，在正常运行的封建社会中，这种满足感和稳定感确实会有利于消解上下级关系或阶级关系所构成的亲缘格局中的对抗因素，但消解并不代表它就不会存在，社会条件一旦发生大的变化，比如明代末期的边境冲突和大饥荒，这些对抗因素就会马上凸显出来。因此，靠道德教化特别是孝悌礼仪维持政治稳定只有一定的合理性，儒家关于社会政治的理想存在逻辑上的不周延性。

1.3.1.4.1 “道德极易被恶人利用以售其奸。……每个人都可以对目睹的行为做出褒贬，社会上没有至高的道德判定者，至高的判定只是每个人自己的良心。特别是世俗社会的掌权者最不适宜充当道德的推行者和判定者的角色，因为他的权力给了他最大的变相利用的机会。”[①] 正是在这一意义上，王阳明的“无善无恶心之体”就是石破天惊的大胆言论。实际上，只有在王阳明所处的时代背景以及他个人的遭遇中，才能理解这样一个官宦子弟出身，在其晚年又建立了伟大功业的人缘何会发出这样的声音。王阳明九死一生，见惯了官场上的黑暗和虚伪，只有在下层人员（像贵州深山里的土著，粤赣交界处的起义投诚者）那里他才真正找到了人性的力量。在当时儒道佛文化交融已经很深入的文化环境中，加上宦官当道的时代对士人的迫害到了无以复加的地步，王阳明作为个体的亲缘格局才能重构和提升到那样的高度。这就是思想文化上的吊诡。到底是像宋代那样士人高步的时代，还是明代那样士人动不动就挨大板子的时代，更可能出现伟大的思想家呢？

1.3.1.4.2 特殊主义与普遍主义的共存、个性张扬及其内外张力的共存是亲缘格局的特色。处于亲缘格局中的“我”承认自然

① 郑也夫：《代价论》，生活·读书·新知三联书店，1995年。

而然地生成的祖先、父母、亲友对个体存在的重大意义，同时往圣先贤的思想、社会现实中的常识及其内在规律的“理”更是实现“我”反身重构的根本动力。特殊主义与普遍主义这两种关系系统使“我”的焦虑经常会发生，但是“理”的存在会不断地化解这些焦虑。

君子的亲缘格局中，“我”的反身性意识是儒家特意强调的。由于“我”每天面对纷繁复杂的人、物、事、理，经常会出现“常人”所犯的毛病，比如敷衍了事、虚情假意、浮皮潦草等，所以要经常静下心来进行反省。经过反复千遍万遍之后，“忠”“信”“诚”“敬”等也就成了亲缘格局中的核心要素。这些在后来都成为儒家的理，它主要从道德伦理着眼，有其局限性，而且从宋明理学开始，还认为其过于繁杂，而必须将其纳入“理”或“心”的一致体系中。朱熹和王阳明做出了很大的努力，而且卓有成效，他们借着佛家和庄子的哲学思维，使儒家的理哲学化了，从而为我们后来者将“理”进一步提升，摆脱道德伦理的束缚和局限性打下了基础。

1.3.2　魏晋玄学和客家思想文化源流的回顾，可以进一步说明思想家的个性及其遭受的内外张力。东汉末年的大灾异、大动乱、大变革导致了以董仲舒“天人合一”论为代表的儒学的大崩溃，但是国家的乱局并没有改变长久以来形成的家族传统，反而使这一传统更加紧密了。小家庭和小家族依靠豪门巨族而生存，门阀政治成为当时社会的主流。在这样的背景下，玄学成为风靡一时的社会思潮，玄学家“非汤武而薄周孔，越名教而任自然”。所谓“越名教”，说白了，是希望躲在自己家族营造的小天地里，并不是全然不顾社会道德伦理，而只是对儒者把身家性命紧紧地和社会政治以至于天命捆在一起的理念不以为然。所谓“任自然”，就是按照自己个人和家族的意愿来生活，过百姓的平常日子，不希望政治上的管束，要无为而治。玄学这样的思想玄吗？一点都不玄。当权者不管是谁都无所谓，只要能在乱世中苟活就行，这是中国人最持久的思维，玄学家只是把它理论化了，解释得有点玄而已。

大约在公元三四世纪，儒、道、佛开始了在中国融合汇通的历程。很多学者认为，三家共通的基础在于中国人共同的道德情感，但这是不准确的，因为道家很大一部分是出世的，佛家则完全是出世的，完全入世的儒家同道家和佛家这些出世的人谈共同的道德情感？泛泛地说可以，但从理论逻辑上看，这有点怪异。其实，应该说是中国人个体亲缘格局之间有重叠共通之某些方面，在三家融合汇通的过程中又强化了这些方面。作为思想史的溯源，从魏晋玄学到宋明理学都可以看到强化这些方面的努力。

“把握自己的激情和欲望”，从而避免过度的欲望对人的身体和心灵的伤害，并获得心灵的宁静。从魏晋玄学到宋明理学，是实质上的相同。作为魏晋玄学的代表向秀、嵇康等人，有意放浪形骸，在山林中嬉耍为乐，其实是试图避免物质、权力欲望对自己的伤害。在乱世中的个体亲缘格局异化成了放浪形骸的举动。玄学家们的问题在于，他们苦于找不到彻底脱离社会情境之处[①]，所以只好采取“败坏”自己（的身体或声誉）这样的极端手段来表示自己只关注自己小圈子的那些琐事，压根儿就没有世俗的那些欲望，希望当权者放自己一马。

玄学家谈玄论道，并没有让他们得以避祸，要么被杀、要么出来当官的残酷现实让豪门巨族感到北方的生存环境实在太差。正是从魏晋南北朝开始，特别是“五胡乱华”以后，北方的豪门巨族开始了向南方的转移，并引发了客家民系在中国历史上经久不息的移民风潮。客家人最早到的是湖北安徽江苏一带，然后又陆续迁往江西福建广东三省交界的山区，南北朝之后又经过数次大迁移，形成了至今在中国南方诸省以及东南亚一带影响深远的客家民系，开发了极为宽广的客家生存区域，并影响当地土著，保存并弘扬了汉民族的文化正脉。儒、道、佛的融合汇通在南方客家民系的生存发展中得到了体现，而客家文化始终以汉民族文化为正宗，则促进了佛学的中国化进程[②]。客家的经济文化史极为特殊，只有在中国这样幅员辽阔而又有传承有序的文化传统的国度里才可能出现。客家先辈

---

① “最后通牒博弈”及其相关的“独裁者实验”表明：作为社会性的动物，人类在进行决策时不只是追求个人利益最大化，同时也会表现出对公平和利他互惠的偏好，但如果我们不在社会情境内，则我们对他人的关注将会消失，我们看到的将是赤裸裸表现出来的自我关注行为。

② 值得注意的是，禅宗六祖慧能的父亲是在岭南为官的河北人，慧能一生求佛、向佛的主要活动区域就在客家集聚地之一广东韶关一带。江西、福建和广东作为客家人聚集最密的地区，在宋以后成为南派禅宗兴盛之地，应该有其根源。

陈寅恪先生对魏晋南北朝、隋唐和明清之际的历史情有独钟[1]，大概是因为那几个历史时期客家人（特别是豪门巨族）往南方迁徙、在南方各省之间迁徙的数量最大？也可能是那些时期思想家面临的困境最严重吧。陈寅恪先生一生以“独立之精神，自由之思想”为学为人，“独与天地精神往来”，直面历史上的人、物、事、理来治史，堪为我辈楷模，而且他本身的经历就是思想家个性及其内外张力的一个范本[2]。

1.4　赫拉克利特说：“我自己寻求。”以上关于中西方思想史的简要描述，主要是想说明（哲学）思想的个性及其保持个性的不易（来自内外的张力时刻要把个性扼杀）。而亲缘格局论主张：在承认内外张力存在的前提下，个体的亲缘格局是天然存在的，而且个体间的亲缘格局共通性必须奠基于每一个体本身具有的亲缘格局。看清我们的时代吧，这是即将到来的智能时代，以往一切的不可能现在都有了可能。在这样的时代，我们不能要求人人都成为哲学家，但是哲学家和他们的哲学必定是着眼于个体的，是着眼于个体的纯粹经验的，是着眼于每一个体所遭遇的人、物、事、理的。这一着眼点决定了这样的哲学是彻底的、真诚的、可信赖的。更进一

---

① 参阅陈寅恪《隋唐制度渊源略论稿》《唐代政治史述论稿》《柳如是别传》等。陈寅恪分析了东汉以后儒家大族与非儒家寒族在政治上形成两个不同的集团，其势力的升降为当时政治演变的基础。陈寅恪是魏晋南北朝史研究的开拓者，他反复强调种族与文化问题是研究中古史最重要的关键，提出“北朝胡汉之分，在文化而不在种族”的论点，这对研究中华民族融合史有着极其重要的意义。引自百度百科。

② 可参见陆键东：《陈寅恪的最后二十年》，生活·读书·新知三联书店，2013年。

步，有哲学素养的人都应努力做到：我作为社会的一分子不可能拒绝社会群体生活，但是我就是我，我的亲缘格局是我自己造就的，我为自己的价值和存在付出毕生的追求是值得的。不仅如此，当我们人人都做出了努力之后，个体亲缘格局的共通性会得到更多的显现，试图扼杀个性的来自内外的张力会逐步消解，“宙合”的理想社会离我们也越来越近了。

二

面对面的哲学最具有穿透力

2. 纯粹经验(pure experience)[①] 是作为个体的“我”所遭遇的人、物、事、理，它们“有缘来相认，无缘不入心”，在个体亲缘格局的状态中得以延续，从生到死，甚至在“我”死之后仍然有遗迹留存。

---

① 与李泽厚对善的定义相比较，他说：“人类作用于现实世界的感性力量，是一种有意识有目的的实践活动，具有不同于动物的普遍必然性质，名之曰善。”载《哲学研究》1962年第2期。转引自李泽厚:《哲学纲要》，北京大学出版社，2011年，第117页。这个定义的问题在于，既然说是感性力量，就不一定都是有意识有目的，特别是不一定是有目的的。纯粹经验的意思更多是直接面对所遭遇的，不管是有无意识、有无目的，都是直接面对人、物、事、理。

始终强调群体、目的论是李泽厚的逻辑，人是目的、为自然立法的康德逻辑被曲解了，或者说是被片面理解了。在亲缘格局论中，群体具有评价、引导功能，但决不能是压制、窒息个体。从个体（亲缘格局）到群体（宙合），才能生生不息。

2.1 纯粹经验与直接经验（Immediate Experience）是同一的[①]。这是日本哲学家西田几多郎的断言。他还说："从纯粹经验的角度看，根本没有客体脱离主体这回事。统一我们的经验事实以及客观事实的是最高效、最整合的表象系统，这才是真相。了解真相并符合真相[②]就是统一我们的经验；就是从一个次要统一体向更大统一体的过渡。如果我们认定我们的真正自我即为该统一性活动，那么去了解真相就是去符合这个更大的自我，去实现这个更大的自我。（正如黑格尔所说，一切求知的目标都是为了让精神去了解宇宙万物中的自我。）随着知识的加深，自我的活动更加深广，因为之前并非自我的东西（知识）现在进入了自我的系统。"[③]这个"自我的系统"，在本书中用"亲缘格局"来表达。

2.1.1 先秦诸子重视直接经验，不会以固定的思维来束缚自己的思想。有人指责中国人没有纯粹思辨的传统，这其实要辩证地看。《管子·心术上》有言："其所知，彼也；其所以知，此也。不修之此，焉能知彼？修之此，莫能（如）虚矣。虚者，无藏也。""洁其宫，开其门，去私毋言，神明若存。"这里说的都是强

---

① 西田几多郎：《善的研究》中译本，光明日报出版社，2009年，第3页。

② 我正在用沃克笔写字，发现这种笔比以往的笔都好用，这就是这里所说的真相，是我之前的经验和现在的经验相比较得出的结论，我并不需要去研究沃克笔和其他笔在制作工艺上的区别，只是通过简单的比较就得知了我需要了解的一部分真相。于是我在亚马逊网站上订购了一批，也许今后很长一段时间里我都会用沃克笔了，从这个角度讲，沃克笔作为一种"物"被纳入了我的亲缘格局，我熟知它并且离不开它了。

③ 西田几多郎《善的研究》中译本，光明日报出版社，2009年，第23页。

调认知主体要排除主观成见，保持开放、清明的心态，直接和遭遇到的人、物、事、理面对面[①]。《论语·子罕》中有类似的话："子绝四：毋意，毋必，毋固，毋我。"至于国之大事——用兵，《孙子》更是强调直接经验的重要性，孙子在《用间篇》中说："明君贤将，所以动而胜人，成功出于众者，先知也。先知者，不可取于鬼神，不可象于事，不可验于度，而必取于人，知敌之情者也。"

2.1.2　在日本思想家铃木大拙看来，"禅是中国的实际精神和充满高远思索的印度形而上学的牢固熔接。"[②]他清楚地告诉我们，中国的实际精神是禅宗的魂，而中国的实际精神就是直面事实的勇气和认知习惯，它是由原始儒家带给中国人的精神基因。"子不语：怪、力、乱、神"（《论语·述而》）"知之为知之，不知为不知，是知也。"（《论语·为政》）孔子的一生从来不玩虚的，他无论面对什么样的人、物、事、理，都是抱着真诚面对的态度。正因为有了这

① 由于本书采取提要式的论述方式，不可能详尽地进行哲学史的描述，但是提及一下现象学的"操作"方法是有必要的。现象学"面向实事本身"，据说是很有可操作性的，施皮尔伯格还把其要点明确为七个步骤：第一，研究特殊现象；第二，研究一般本质；第三，理解诸本质间的本质关系；第四，观察现象在意识中的构成；第五，观察显现的方式；第六，将对于现象存在的信念搁置起来；第七，解释现象的意义。（参考施皮尔伯格《现象学运动》。）我在这里说的和人、物、事、理面对面，当然和现象学的这些方法是有联系的，特别是对于"理"的直面，按现象学的方法就是把"理"也作为一种"实事"。对于千百年来文明形成中的无数规范之理，我们既不会鄙薄它们，也不会因为它们是哪个伟人创立的就格外尊崇它们，而是根据当下的情境对它们"观看"，然后要根据当下的情境形成自得之理。自得之理的实现是"性日生日成"一个小圆圈的终结，是下一个小圆圈的开始。所以说，亲缘格局论所理解的现象学方法不仅仅是意识或心理层面的，也不仅仅是逻辑层面的，它更关注的是"性日生日成"的效果。也就是说，本体论、认识论、方法论之外还有价值论，或者说更重要的是个体在"实践"中体现的价值及其不断增殖的过程。

② 铃木大拙：《铃木大拙说禅》中译本，浙江大学出版社，2013年，第3页。

种不可磨灭的精神基因，彻底中国化了的佛教——“禅的一切都是实际的、日常的，同时也是最生动活泼的。”[①]铃木大拙面对西方式自由的危机，试图用禅宗所谓“灵性的自由”来解除人的异化，他说：“禅宗的特点是：喜纯、诚挚与自由。许多想研究禅宗的人，对自由有很大的误解。他们以为自由是纵情放任或不顾道德。但是真的自由，我愿说，是照着事物本来的样子去看它们，是去体会万有的‘本来面目’。那才是自由。”[②]的确，直面事实带来的是坦诚的心、自觉的意识、宽阔的胸襟，是生生不息的生活境地，简而言之就是通达自由之境，如《金刚经》所言“应无所住而生其心”。而逃避或故意忽略、隐瞒事实只能让人怯懦，陷入欺骗与自我欺骗的循环之中，虚于应物就难免不被物驭。对事实不做原原本本的理解，而只是对事实的某一个方面“进行反省、分析，依靠制造出的概念，调动智的作用”（这是西方科学必然要用的方法论），这是佛家所说的“分别心”，最后也不能避免陷入循环论。[③]

2.1.3　威廉·詹姆士主张纯粹经验的第一性，甚至认为宇宙的本原就是纯粹经验。在他看来，宇宙是以如此众多的特殊而具体的方式联系在一起的非永恒过程的多元体，不可能只用抽象的思辨加以解释。他认为，任何反思都奠基于纯粹经验之上，而且理性反思

---

① 铃木大拙：《铃木大拙说禅》中译本，浙江大学出版社，2013年，第19页。

② 铃木大拙等：《禅与心理分析》，转引自《铃木大拙说禅》中译本，浙江大学出版社，2013年，序言第15页。

③ 铃木大拙：《铃木大拙说禅》中译本，浙江大学出版社，2013年，第120页。

的最终目标也是指向充满纯粹经验的日常生活本身。他说："任何时候，我们把一种相对纯粹的经验理智化，我们都应该是为了重新降到更为纯粹、更为具体的水平而这样做的；而且，如果一个理智高高在上地停留在它的抽象的关系项和一般化了的关系之中，而不把它自己与其结论重新插入直接的生活之流的某种特殊之点中去，那么它就不能完成它的职责，而且没有走上它的正常途径。"①也就是说，如果不是服从服务于直接的生活之流，任何理性的存在都没有完成其"职责"，都不是"正常"的。这是典型的实用主义的说法，但作为亲缘格局论的起点，这种实用主义（詹姆士称之为彻底的经验主义）却自有其作为原生思想的好处。

2.1.3.1　威廉·詹姆士的彻底经验主义的一个重要推论是："事物和思维绝不是根本异质的，它们是用同一种材料做成的，这种材料是只能感受不能下定义的。这种材料，如果人们愿意的话，可以把它叫作一般经验的材料。""主体和客体、被表现的和表现的、事物和思维等属性，意味着一种在实践上的区别，这种区别是极为重要的，然而仅仅是属于职能范围的，绝不像古典的二元论所讲的那样是属于本体论范围的。"②这种思路富于启发意义，从职能范围而不是从本体论角度来区别人、物、事、理，它们就有可能被摆在一个平面上来理解，甚至可能消解以往认识论、本体论的那些人为

---

① 威廉·詹姆士：《彻底的经验主义》中译本，上海人民出版社，1965年，第51页。

② 威廉·詹姆士：《彻底的经验主义》中译本，上海人民出版社，1965年，第124页。

的分别。

2.1.4　与纯粹经验相对的另一个极端概念是克尔凯郭尔提出并表示应该加以鄙弃的“纯粹思想”。他说：“如果说抽象思维植根于经验现实，那么纯粹思想显然要设法摆脱这种世俗的羁绊；它是一种囊括一切的因素，依据它，一切有限的、由时间限定的存在模式，包括和我们相关的、意识和经验的具体对象，都可以得到理解和阐释……真正源于人类思想的概念在与这个世界互动时，被错误地赋予一种独立存在的现实，思想因而得以‘抛弃存在’，……黑格尔似乎忽视了一点：所有抽象概念，甚至包括他宣称的完全没有确定内涵的，都必须由经验的个体去理解、去接受……这种媒介[①]‘神秘莫测地悬浮在天与地之间，与完完全全的个体完全无关，它可以解释一切，却无法解释自己’。日常生活中具体的人类主体，其存在是所有实际的论证过程的当然前提，现在这一主体被吸入‘纯粹思想的皮影戏’中，形而上的唯心论以异想天开的普遍主体取代了它的地位。”[②]

2.1.5　与纯粹经验类似的是实践的概念。从康德、黑格尔到马克思，都对实践概念情有独钟。毛泽东还专门写了《实践论》。我们对实践论强调的历史性、群体性、目的性等是认可的，但本书着重

① 克尔凯郭尔把黑格尔哲学的纯思辨性视为神秘媒介的虚构性。

② 牛津通识读本之《克尔凯郭尔》中译本，译林出版社，2013 年。

讨论的是个体的人生体验及其价值，而且我们所处的时代和毛泽东以前的马克思主义者的时代已经有了极大的改变，所以只是提及一下。有一点说明：对于实践论强调的历史和逻辑的统一，我是有所保留的，因为我所强调的是彻底的面对面，任何先验的理或先在的理都没有在人、物、事面前的必然的优先权。既然如此，就不能笼统地讲历史和逻辑的统一。这样的统一即使有，也是具体的某一段历史和某一种逻辑（思想）的统一。

2.2　列维纳斯说："面对面始终保持为终极处境。"[①]"面对面——最终的和不可还原的关系，没有任何概念能够在掌握它的同时而思考该概念的思想者却又不立即面对一位新的对话者的；如此这般地面对面使社会的多元论成为可能。"[②]列维纳斯强调的是"我"和"他者"的面对面，亲缘格局论强调的是"我"和所有遭遇到的人、物、事、理的面对面。

2.2.1　面对面在维特根斯坦那里表现为对"思想"和"本质"的拒斥。他说："思想被一个光轮环绕。——思想的本质，即逻辑，表现着一种秩序，世界的先天秩序，即世界和思想必定共同具有的种种可能性的秩序。但这种秩序似乎必定是最最简单的。它先于一切经验，贯穿一切经验；它自己却不可沾染任何经验的浑浊或不

① 伊曼纽尔·列维纳斯：《总体与无限：论外在性》中译本，北京大学出版社，2016年，第57页。

② 伊曼纽尔·列维纳斯：《总体与无限：论外在性》中译本，北京大学出版社，2016年，第283页。

确——它倒必定是最纯粹的晶体。……我们有一种幻觉，好像我们的探索中特殊的、深刻的、对我们而言具有本质性的东西，在于试图抓住语言的无可与之相比的本质。”[①]

维特根斯坦是从对语言的实际应用的描述来反击形而上学传统的，本书不注重语言分析，但是思维方式是类似的。我们和人、物、事、理的遭遇都是“粗放型”的，即维特根斯坦所说的对“面相”进行“综观”。“综观式的表现这个概念对我们有根本性的意义。它标示着我们的表现形式，标示着我们看待事物的方式。（这是一种‘世界观’吗？）”[②]“它让一切如其所是。”[③]“哲学只是把一切摆在那里，不解释也不推论。——既然一切都公开摆在那里，也就没什么要解释的。而我们对隐藏起来的东西不感兴趣。”[④]

综观之下所发现的不再是什么共同的本质，而是各类游戏（事物）之间的相似之处、亲缘关系，维特根斯坦用“家族相似”来说明这些相似性的特征。“我想不出比‘家族相似’更好的说法来表达这些相似性的特征；因为家族成员之间的各式各样的相似性就是这样盘根错节的：身材、面相、眼睛的颜色、步态、脾性，等等。——我要说：各种‘游戏’构成了一个家族。”[⑤]

---

① 维特根斯坦：《哲学研究》，陈嘉映译本，上海人民出版社，2005年，97节。

② 维特根斯坦：《哲学研究》，陈嘉映译本，上海人民出版社，2005年，122节。

③ 维特根斯坦：《哲学研究》，陈嘉映译本，上海人民出版社，2005年，124节。

④ 维特根斯坦：《哲学研究》，陈嘉映译本，上海人民出版社，2005年，126节。

⑤ 维特根斯坦：《哲学研究》，陈嘉映译本，上海人民出版社，2005年，67节。

2.2.2　为什么要强调面对面？因为面对面带来的是最真实的感受，让人舒服，让人心安，让人平静。列维纳斯说：“身体是对我们归之于那给任何事物‘赋予意义’的意识之优先权的持续质疑。身体作为这种质疑而生活。我所生活其中的世界，并不单是思想及其构造着的自由的对面之物或同代之物，而是条件和在先性。我所构造的世界养育着我、沐浴着我。它是食品和‘环境’。”[①] 列维纳斯将这种美好的感觉称为“享受”，而我在亲缘格局论中以“和”“平”来描述它，即“和而不同”[②]之“和”，以及戴震所说“情得其平，是依乎天理”之“平”。[③]“我”遭遇到的任何人、物、事、理都可能因为其“和”“平”而纳入亲缘格局之中，成为“有缘来相认”的一分子。

2.3　作为个体的“我”包括作为社会实体的“我”、作为思维主体的“我”和作为身体的“我”。（与威廉·詹姆士说的经验自我类似，它分为物质自我、社会自我和精神自我。）其中，作为身体

---

① 伊曼纽尔·列维纳斯：《总体与无限：论外在性》中译本，北京大学出版社，2016年，第110页。

② “和而不同”出自《国语·郑语》记史伯对郑桓公的谈话：“夫和实生物，同则不断。以他平他谓之和，故能丰长而物归之；若以同稗同，尽乃弃矣。故先王以土与金木水火杂，以成百物。……声一无听，物一无文，味一无果，物一不讲。王将弃是类也而与剸同，天夺之明，欲无蔽，得乎？”大意是说不同的事物相互调剂，相反相成，达到和谐的状态，这才是事物生长并长盛不衰的根本之道。我的导师张岂之先生特别强调“和而不同”是中华文化的特色。

③ 戴震《孟子字义疏证》。

的“我”具有原始意义的重要性[①]：它是“我”的知觉中心、行动中心，还是生命感受的中心。这是很多理性哲学家往往忽略甚至贬低的。但有一点必须时刻牢记，物质自我、社会自我和精神自我的分别是人为设定的，“我”就是“我”，是一个整体的“我”（表现为哲学形态就是此书着重探讨的“亲缘格局”），而且这个“我”与“他者”虽然具有同一性，但永远不能做到真正的同一化。

2.3.1 “我”活在世上，不可避免地要遭遇各种人、物、事、理，它们作为“他者”是不能在场化的、不能内化到我之世界中的，也就是说它们永远无法完全地为“我”所理解，“他者”和“我”有着永恒的他异性，“真正的生活是不在场的。[②]”也正因为如此，我们必须从“家”出发，向着一个陌异的他乡、向着一个彼处而去。从“家”出发，就是在一个让人舒服的身心居所中，努力保持自我的同一性。向着一个陌异的他乡、向着一个彼处而去，就是要不惧纯粹经验（直接经验），努力去理解人、物、事、理诸现象本身，而不是像以往的诸多哲学家那样，首先设定一个“理”来理解诸现象。

2.3.1.1 列维纳斯说：“我在世界之中就是在家中，因为世界

---

① “我”的身体各个部分遭遇到的那些人、物、事是一切理之根源。在没有文字的原始部落，仍然是有理存在的，就因为原始部落的人是用他们的身体在感受世界。好多没有读过书的人在某些技能方面要强于读书人，甚至对某些理也有更透彻的领悟力，也是因为他们良好的身体感受。

② 伊曼纽尔·列维纳斯：《总体与无限：论外在性》中译本，北京大学出版社，2016年，第3页。

把自己呈交给占有，或拒绝占有。（那是绝对他者的东西不仅拒绝占有，而且质疑占有，并恰恰因此能够认可占有。）必须严肃对待世界之他异性在自身同一化中的这种转向。这种同一化的‘环节’——身体、居所、劳动、占有、家政——不应当表现为被镶饰在同一之形式骨架上的经验的、偶然的材料。它们是这个结构的关节。”①因此，只要“我”在这个世界之中，“他者”对“我”来说就不仅有他异性，必然还有亲缘的维系。而且，他异性只有从自我（的亲缘格局）出发才有可能实现“世界之他异性在自身同一化中的这种转向”。②

2.3.2　冯契引用黑格尔“理性的机巧”说明理性认识活动的“被动”性质，理性的目的实现条件是理性本身不加入客观对象的过程。他说：“理性让事物按其本性自己运动，却同时实现了人的目的。也就是说，正是因为理性在认识上不干预客观过程，能够客观地认识世界，把握物质世界及其规律性，所以才能在实践上正确地改造世界。一个主观主义者，就不能有效地改造世界，只能在现实面前碰得头破血流。所以，在认识上，人就是要被动地接受，力求不以占有者姿态出现；在实践上，人要能动作用于对象，就要作为占有者。只有认识上力求不作为占有者，这样的认识才能在实践上

---

① 伊曼纽尔·列维纳斯：《总体与无限：论外在性》中译本，北京大学出版社，2016年，第9页。

② 列维纳斯的原文是：“务必要有一种‘思想’，务必要有一个自我，这是为了他异性能够在存在中产生出来。……他异性只有从自我出发才有可能。”《总体与无限：论外在性》中译本，第11页。从这个角度看，个体的亲缘格局具有认识论的功能。

有效。”[①] 冯契用的是马克思主义哲学的语言，说明的是同样一个事实，即我们必须从“家”出发，向着一个陌异的他乡、向着一个彼处而去。但冯契在这里只从认识论来理解这个问题，视野显得狭窄了。

既然在认识上力求不作为占有者，又怎么在实践上要作为占有者？这种说法比较含糊，甚至可以说是无意义的。我们在大多数情况下，对所遭遇的人、物、事、理都处于被动的认识阶段，认识了不是马上就要去实践的，我们经常要做的仅仅是去认识、理解。认识者不一定就是实践者，他们的亲缘格局可能完全不同，实践者的认识和当初那个认识者的认识是不一样的，而且随着时间地点的改变，认识者自身改变了，要去认识的对象也改变了。因此，在我看来，比较正确的看法是认识、实践都是“我”的认识、实践，必然要和“我”所遭遇的人、物、事、理来面对面，都是立足于纯粹经验来认识、实践，或者说认识、实践就是纯粹经验本身[②]。

2.3.2.1　冯契把“当前的直接经验”认为是感性经验或感觉经验，即没有经过知觉、反思之后的经验，这是坚持康德、黑格尔认识论观点的后果。他说：“把直接经验了解为直接对外在对象的

① 《冯契文集》第二卷《逻辑思维的辩证法》，华东师范大学出版社，2016年增订版，第30页。

② 可参照王阳明《传习录·答顾东桥书》：“君子之学，何尝离去事为而废论说，但其从事于事为、论说者，要皆知、行合一之功，正所以其本心之良知，而非若世之徒事耳谈说以为知者，分知、行为两事，而果有节目先后之可言也。”事为、论说比认识、实践的分法好，事为、论说都有认识、有实践。

把握，是主体的亲身的经验，是现在的、此时此地的感受，所以它是亲切的、具体的、生动的，一切的知识、一切的价值归根到底都要和直接经验相联系，才有亲切感。”[①]这种说法其实很好，但是他表示要和费尔巴哈、马赫、罗素、唯识家等的所谓“直接唯物主义”“主观唯心主义”者区分开来[②]，他们把直接经验、现量看作是“唯一的存在”，认为只有这种直接经验才是不容怀疑的实在。在我看来，如果不给费尔巴哈、马赫、罗素、唯识家等贴上标签，承认他们强调直接经验自有其道理在，这样会比较好。直接经验并不比纯粹思辨低一个等级。

冯契讲自我这个主体的同一性，还算说得过去。“进入经验领域的，一定是主体所把握的，总是有主体的同一性贯彻于经验之中。当然，主体的同一性本身是一个过程，它由低级向高级发展着。现在我们讲的感觉经验中的主体的同一性，或者说在实践经验中主体的同一性，是最原始的、最基本的。”[③]“人有了自我意识，就有了一种绵延的同一性，昨天的我和今天的我是一贯的。”[④]“人不能够离开为我之物来把握自我，而是凭着化自在之物为为我之物的运动，自我才能够自在自为地发展起来。自我的塑造是一个过程。我的‘自组织’能力和精神所把握的内容是密切联系着的，‘我思’之‘我’是在‘思’中建立起来、向前发展的。这个‘我’可以说是

---

①《冯契文集》第一卷《认识世界和认识自己》，华东师范大学出版社，2016年增订版，第101页。

② 大概“直接唯物主义”者很容易变成“主观唯心主义”者?

③《冯契文集》第一卷《认识世界和认识自己》，华东师范大学出版社，2016年增订版，第102页。

④《冯契文集》第一卷《认识世界和认识自己》，华东师范大学出版社，2016年增订版，第310页。

由混沌达到有序，由自发达到自觉，以至于具有‘一以贯之’的观点，成为自由人格。”[①]但是不管自由人格到了什么样的地步（更何况绝大多数人并不能达到冯契所说的自由人格），人所遭遇的仍然是直接经验。对直接经验的有所保留，执着地要求其“由混沌达到有序，由自发达到自觉”，这就使得冯契不能“一以贯之”地对“最原始的、最基本的”感觉经验保持敬意。

2.3.3　基于对纯粹经验的“直接”承受和认可，在我看来，用以下等式来表示个体亲缘格局的形成，也许比较形象：

$A=A^0\pm(a^0, a^1, a^2, a^3\cdots\cdots)$，其中 A^0 是具有同一性的自我，a^0, a^1, a^2, a^3 是遭遇各种人、物、事、理（即历经诸直接经验）之后可能产生的差异性（变异）。

即，哪怕是作为同一生命主体的“我”自身，也是在不断成长的。不同阶段的“我”之间、“我”与“他者”之间的同一性是存在的，但永远不能做到真正的同一化。

2.3.3.1　“我”所遭遇的人（Human being）首先是祖宗先人、家人和朋友。

2.3.3.2　“我”所遭遇的物（Material thing）首先是对“我”而言上手存在的物。

---

① 《冯契文集》第一卷《认识世界和认识自己》，华东师范大学出版社，2016年增订版，第171页。

2.3.3.3 “我”所遭遇的事(Facts)是和“我”所遭遇的一切人、物相关联的一切事。

2.3.3.4 “我”所遭遇的理(Principle)是和“我”所遭遇的一切人、物、事相关联的一切理。

2.3.4 冯契引用皮亚杰的心理学实验资料说明人类理性和语言的进化、发展过程。他说：“从个体发育史来说，小孩子就是随着他活动的逐步增多、语言的掌握、与成年人的交际，而使得理性逐步发展起来的。……学前儿童到晚期，才有初步的抽象逻辑思维。从以形象性为特点的思维到以抽象性为特点的逻辑思维，与之相应，语言有一个从有声语言到无声语言的发展过程。人的思维也可说是语言的内化，语言从外部语言（有声语言）发展到内部语言（无声语言）介乎其间有一个过渡状态，即自言自语，……内部语言与人的抽象的逻辑思维有更为密切的关系，通常要到学龄期，在系统的教育条件下才会充分发展。”[①]维特根斯坦在《哲学研究》等身后著作中曾大量谈到语词的应用环境，印证了语词的意义是随着人成长的环境的变化而不断扩展的事实，至于语法结构本身是相对稳定的。

冯契还引用金岳霖的《知识论》说明了概念对对象的摹写和规范的交互作用过程，他说：“概念既摹写现实又规范现实，所以人的

---

① 《冯契文集》第二卷《逻辑思维的辩证法》，华东师范大学出版社，2016年增订版，第44页。

整个知识经验无非是即以客观现实之道，还治客观现实之身。摹写与规范反复不已，概念越来越深入事物的本质，而经验越来越因经过整理而秩序井然。”每个概念可以说是一个概念的结构，“经验是永远生动的，客观世界的现象源源不绝地呈现在我们面前，各种新的事实材料不断地涌进思维，推动思维发展，促使概念结构不断地更新，因而越来越全面、越来越深入地把握事物的本质联系。”[①]其实这是拟人化的说法，概念本身是无法主动作为的，真正发生变化的是人的亲缘格局。

可以这样说，重要的不是语词、概念本身有结构，而是使用、认识和理解它们的人有结构（即“亲缘格局”）。人的天赋加上对现实世界中人、物、事、理的遭遇，促进其亲缘格局的不断提升，从而促进其对某些语词、概念认识和理解的全面、深入。

2.3.5　金岳霖的《论道》绪论中谈到，“时间不会停流，所与总是源源而来。所与既源源而来，事实也不断地发生。包容于事实中的有特殊的所与，潜存于事实之间的有共相底关联。特殊的所与总可以摆在时空架子里而成为事体或东西。我现在把事体与东西联在一块叫作事物。”“纯理虚而潜存于事物之理实。”[②]纯理是逻辑空间中的理，即金岳霖所谓的“道”。本书中的人、物、事、理之理就是金先生所谓的潜存于事物之理，是实“理”而非虚“理”，

① 《冯契文集》第二卷《逻辑思维的辩证法》P49，华东师范大学出版社，2016年增订版。

② 金岳霖：《论道》，商务印书馆，2015年，第P14—15。

非“道”。所谓“道”（英文中没有对应的词，一般英译为Tao。“道家”英译为“Taoist philosophy。）是关于“理”的理，如金先生所说的：“共相底关联为理，殊相底生灭为势。”“无极为理之未显，势之未发。”“个体底变动，理有固然，势无必至。”“变动之极，势归于理，势归于理，则尽顺绝逆。”“道无终，无极底极为太极。”“太极为至，就其为至而言之，太极至真，至善，至美，至如。”“无极而太极，理势各得其全。”“无极而太极是为道。”等。这些看起来汪洋恣肆的命题在本书中也有所论及，那是在“宙合”层面的道，而不是个体的亲缘格局要论及的理。

如果将金岳霖的《论道》用于本书中着重的个体分析，则个体在现实世界所遭遇的各种人、物、事、理，那些遭遇的活动就是所谓的“能”（可能、潜能或能），而他所谓的“式”就是个体的亲缘格局之形式、样式、模式。个体的亲缘格局是“宙合”的具体化、个体化，“现实底具体化是多数可能之有同一的能。”“现实底具体化所以使现实并行而不悖。”“现实底个体化是具体底分解化、多数化。”“现实底个体化所以使现实并行而不费。”现实并行而不悖，就是各人的具体的遭遇活动是各人的现实，各依其理、各归其道，并行而不悖；现实并行而不费，就是各人的具体的遭遇活动只要各依其理、各归其道，并行而不悖，就可以并行而不费。金先生讲的是理想状态下的情形，即本书中所说的“宙合”之道所要描述的情形。

三

人、物、事、理：有缘来相认，无缘不入心

3.　纯粹经验是对作为个体的“我”所遭遇的人、物、事、理的直觉体察，它本身毫无意义可言。[①]“有缘来相认，无缘不入心”，不管它们是显现的还是隐蔽的[②]，那些既在“我”生命的场域之中，又纳入“我”的亲缘格局的人、物、事、理，才是有意义（价值）的。然而，作为对意义（价值）的评估，我们只能考察显现着的那些人、物、事、理，这也是纯粹经验的应有之义。

3.1　纯粹经验对于该经验的承载个体而言，是唯一真实的实在（Reality），它为这个个体的亲缘格局奠基。

---

① 参照西田几多郎：《善的研究》中译本，光明日报出版社，2009 年，第 8 页。

② 海德格尔哲学的一个核心要点就是关于生命场域的思想，场域中的存在是隐、显，用中国古代哲学的话来说就是幽、明。

3.2　亲缘格局是与“我”有亲缘的人、物、事、理（即“我”所遭遇的人、物、事、理之一部分），在“我”生命延续的时间里，与之前的“我”不断反身重构，而共同组成的具有层次和境界的结构，即能够赋予“我”的生命以价值或意义的人、物、事、理所构成的格局。对亲缘的认知和包容，是人生格局形成的基础，而人生格局之不断提升，又使人与世界中的人、物、事、理的亲缘更加丰富多彩。

3.2.1　孔子的《论语》全篇都在讲述人生在世所面对的人与人之间的关系，作为君子成就的理想人生就是经营和维系着和谐的人与人关系。亲缘格局论用于解读《论语》，可得出很多与众不同的见解。如《论语》第一段讲的就是亲缘格局中的核心：人与人打交道常见的三种关系。亲缘格局首先是一个人与人组成的格局，包含多个方面和层次的人，其中最主要的就是：一是自己；二是朋友；三是与自己相关的（除自己、朋友以外的）其他人。

《论语》开宗明义：“学而时习之，不亦说乎？有朋自远方来，不亦乐乎？人不知而不愠，不亦君子乎？”《论语》一开篇就把这三种关乎自己喜怒哀乐的人列出来，而且明确指出了让自己保持愉悦人生格局，成就君子的建构路径。“我”不断学习思考并在日常言行中践习其成果，通过扩展见识、开阔心胸而提升境界，是一个让灵魂净化并发自内心感到快乐的过程。志同道合的人（“朋”）在“我”的人生中是最重要的同伴，他不是我们现在用滥了的“朋友”一词，绝对是以义相交、心灵相通的人，所谓人生得一知己足矣。只要有那么一个知己存在，哪怕他远在天边，只是偶尔来相聚，也足以慰藉平生，因此从远方而来见我的“朋”是比学习更让人感到愉悦的。“我”在日常生活中会有与自己很多相关联的“常人”，因为“我”并不满足于作为“常人”而存在，时刻想着超越“常人”的境界，所以思想和言行必定会有一些不为“常人”所理解的地方，这是再正常不过的事，君子何必因为这事而烦恼呢？“我”不一定就成了孔子眼中的君子，但“我”这样对待处在亲缘格局中的三种人，“我”就已经朝着君子的做派而“在路上”了。

马克思主义把人与人之间的关系划为阶级和阶层的关系，这固然是对在资本主义社会初期人被“异化”的一种客观描述，然而，从亲缘格局论观点看，阶级和阶层固化在历史长河中不会占据主流，同一阶级和阶层的人完全可能会有不一样的亲缘格局①。孔子重礼，强调社会秩序和等级，但是他倡导的“有教无类”极大地促进了中国社会的阶级和阶层的流动性，特别是靠情和理相联结的师友关系、伙伴关系更是极大地冲击了固有的阶级和阶层的划界。

3.2.2　事与物本不是一回事，由于人的存在，物与事渐渐地合在一起，慢慢地就变得好像是一回事了。尤其是在英文里面“Thing”既指事又指物，于是就翻译成了“事物”（德语中有区别，物是Ding，事是Sache。）。在海德格尔那里，物是现成存在的，事物是上手存在的。我们能够想象出世界上与“我”完全无关的事与物吗？物是可以的，如西藏雪山深处的某一块石头，峨眉山半山腰

① 马克思、恩格斯在某种意义上就是其本身所属阶级或阶层的“背叛者”，而历史和现实中身为穷苦阶级却为统治阶级唱赞歌的人则更是多如牛毛。

的杜鹃花，在人到达它之前，它们是与“我”完全无关的。但事不可以，总归是可以找到和“我”的某种联系，由于事引发了人与人之间的不可分割的联系，与事相关而形成的事物也就成了上手存在的“Thing”。

中国古人讲“格物致知”，对某些现成存在的物进行接触和研究，从而达成了对事物的更多的认识，按海德格尔的话来说就是，在“我”这里有了更多的上手存在的事物。“致知在格物”说明了事与物的基本关联。

人与人之间的联系使得事与物的上手存在性成为必要，人、物、事以及它们所必然会承载的理则使得个体亲缘格局之提升和张扬成为可能。孤岛上的鲁滨孙暂时失去了与人世间的关联，但他还记得人世间的一切，所以岛上的事物对他来说还是上手存在的，但是如果长期生活在孤岛上的话，人世间的一切逐渐变得模糊不清，慢慢地，那些岛上的事物也会失去其上手存在性，它们所承载的理也慢慢消散了，而逐渐成为与他无关的现成存在的事物了。假设鲁滨孙一直没有得到救助，一直一个人待在那孤岛上，他的亲缘格局在长期中必然会收窄成一条细线[①]，最终鲁滨孙本人的存在也失去了意义。

---

① 个体不能离开群体而存在，这不止人类世界是如此，整个生命世界都是如此。个性的张扬如果没有来自身心内外的张力的影响，这种张扬是没有可持续的生命力的。正是在这一意义上，亲缘格局的概念要比心理学里的人格概念具有丰富得多的内涵。这里可以用黑格尔的话进一步阐明：“在理念的否定的统一性里，无限统摄着有限，思想统摄着存在，主观性统摄着客观性”。(《小逻辑》第215节)。在没有社会关系的长期环境中，人、物、事、理之间蕴含和“统摄”关系逐渐消失，人的亲缘格局的存在也逐渐消失。

3.2.3 “理”可以理解为无尽的可能性。海德格尔说：“此在是自由地为最本己的能在而自由存在的可能性。”“只要此在存在，它就筹划着。此在总已经——而且只要它存在着就还要——从可能性来领会自身。”[①]我理解，自由也好，筹划也好，领会也好，都是因为有“理”存在着。理存在于亲缘格局中，“我”才有了无尽的可能性，“我”的格局才可能得到不断地提升和张扬。

3.2.4 理本是佛家的语言，最精辟的阐释来自于《华严经》：“理事无碍，事事无碍。”宋代的道学家开始是从老庄那里体会到“道通为一”的，之所以演变成了理学家，乃是因为朱熹从《华严经》《法华经》那里得到了开悟，用本体论的语言来解释程颐提出的“理一分殊”，进而打通了儒、道、释的精脉，但是儒家对于佛理，改变了其中最重要的一点，就是强调“理”与“气”的体用、相互依存关系，而不再是像佛家的空悬的“理”。在朱子所传承的周敦颐《太极图说》中，一再强调阳动阴静、阴阳互补，“无极而太极。太极动而生阳，动极而静；静而生阴，静极复动。一动一静，互为其根。”朱子又说：“总天下万物之理，便是太极。”“万物皆有此理，理皆同出一原，但所居之位不同，则其理之用不一。”“天下之理万殊，然其归则一而已矣，不容有二、三也。”人与万物作为禀受“理”者，“以理言之则无不全，以气言之则无不偏。”由于气有

① 海德格尔：《存在与时间》中译本，生活·读书·新知三联书店，2006年修订本，第168页。

偏狭，“常人之学，多是偏于一理，主于一说，故不见四旁，以起争辩。”因而要“会万殊于一贯”。[①] 也就是说，阴阳是太极的属性，太极是天下万物之理的总称，人与万物都禀受“理”而且禀受不同的气，因而会有“理一分殊”。关于“理一分殊”，下文还要专门探讨。

3.2.5 从现象学的观点看，人、物、事、理在“我”的视域里可以放在同一个平面上，它们和之前的“我”的“亲缘”，以及它们彼此之间的“亲缘”，使它们中的一部分在“我”的格局里不断地积淀下来，使个体的亲缘格局在特定的时间空间里不断反身重构[②]。

3.2.6 关于人、物、事、理四者之间的逻辑蕴含关系需要深入探讨，现在只是尝试言之。按朱熹的说法，“理”是最高层的，但

---

① 《朱子语类》卷九十四、卷十八。

② 胡塞尔说：“一个世界本身，就是一种无限的、与可以和那些无限性和谐地结合在一起的经验相关的观念——一种与某种完整的经验明见性、某种对可能经验的完全综合的观念相关的观念。”——胡塞尔：《笛卡尔式的沉思》中译本，中国城市出版社，2004 年，第 84 页。他的意思是说，世界对于现象学而言，它不仅是个视域，而且是一个最大的视域——包括了所有视域的视域。视域是理性给自己设定的限，它始终处于不断变化之中，它是不确定的同时又具有可确定性的视域。现象学的语言对于中国人来说是费解的，用亲缘格局论的语言也许可以这样说：在“我”的视域中出现的人、物、事、理是自然而然出现的，而在当下，它们也只能出现在“我”的视域中，其他人甚至上帝也无法在此时此刻再添加给“我”。而对于处在亲缘格局中的“我”，由于亲缘格局的不断改变，这些视域以及出现在视域中的人、物、事、理也是不断改变的。它们对于“我”具有存在论的意义，它们内化于“我”的同时又具有认识论的意义，正因为如此，“我”的亲缘格局才可能不断地在“我”的人生过程中反身重构。“我”和“他者”的亲缘格局在特定的时间和空间中的总和是“宙合”，对应于胡塞尔的观念存在论，“宙合”就是包含着、承载着无数经验及其诸视域的那个世界，是一个观念综合及其总和的世界。

始终和“气”（也可理解为这里的人、物、事的总和）不离不杂。我们的理解是，“理”是“无极而太极”中的“无极”，中间的“而”不是生成关系，而是逻辑关联关系。这里和维特根斯坦讲的“逻辑空间”（在逻辑空间中的全部事实是世界）可以比照。维特根斯坦认为，世界是事实的总和，而不是物的总和。人与人、人和物都是要在一定的“事态”（维特根斯坦更多地讲的是基本事态，基本事态是对象的结合，对象包括人、物、事等）之中才能得到理解，并不是说人、物必然包括在事里。人、物与事（事态和事实）是逻辑蕴含关系，不是实质上的蕴含关系。值得注意的是，维特根斯坦的逻辑“世界”没有说到“人”的存在，但没有“人”，就不可能有对“物”的理解，以及人与人、人和物的联结，哪来的“事”呢？

比如，“王阳明在南赣”这句话说的是一个事实，如果想象当时的情景，也可以还原为一个事态。这个事实和事态在不同人的眼里所蕴含的意义是不同的。历史学家可能会想到王阳明在南赣地区施政、举教和“剿匪”的一些事。哲学家会想到王阳明在南赣地区如何进一步发展他的心学思想。我作为一个从赣南农村走出来的学子，对王阳明学术也有所了解，更增添了一份家乡的情感在里面，我会想到王阳明的心学对我们客家人的思想文化产生过什么样的影响。如果对于我们赣南本地的老农民而言，他听说的可能只是王阳明在南赣地区的一些零星往事。加上了这许多人理解的“王阳明在南赣”这个事实和事态，显然就可以构成一个“小世界”。

3.2.7　亲缘格局中的人、物、事、理被我摆到了一个平面上，这是现代社会提出的要求。人、物、事、理当然不是普通的名词，它们都是哲学概念，其中人、物来自西方哲学史，事、理来自宋明理学化了的佛学思想。近代启蒙思想注重的是人和物，是被基督教压抑了千年之后的人和物的觉醒。佛学思想把人和物变成了“空”，剩下的是事和理的思辨，即所谓“事理无碍，事事无碍”。宋明理学的理一分殊和理气相依从根本上说是合理的，但是人、物、事在农业社会的单一化，使得理的内涵显得单薄。康德划定了人、物、事的地盘，为其他理（实践理性）留出了足够的空间。黑格尔用理包含了人、物、事以及蕴含的理，让理在自由的天空中翱翔，总是给人一种不着边际的感觉，一不小心就会掉落下来。马克思延续了黑格尔的路线，只不过用“实践”把“理性”替换了，事实上仍然是思辨的论证多于事实的论证①。我在海德格尔和维特根斯坦的论述中找回了人、物和事，认为在没有更好的选择之前，暂时把人、物、事、理摆在一个平面来论述它们对于亲缘格局的贡献，也许是笨办

① 马克思哲学中的思辨成分偏强，这无疑是受黑格尔的影响。这种思辨的力量要两面看，在对现实的解剖上也许要比经验主义强，但是在未来发展的前景预测上，思辨有时候会产生很大的偏差。理论形态的东西一定要充分注意其局限性，“理论是灰色的，而生活之树常青。”这也是我在本书中强调有限理性和相对合理行为的原因。

法，但总归不是那么独断[①]。特别地，如果从经济金融学的角度来看，对于人、物、事、理的考察都是必要的，缺了其中任何一项，个体的价值评估（如本书附录部分要谈到的）起来都会有很大的缺陷。

在这里，我想特别强调的还是价值评估之理[②]，它和康德的实践理性应该是最为接近的，它体现的是人的信仰的力量，它和中国哲学的理想人格更为接近，在孔子那里它是“仁”，在朱子那里它是“理”，在王阳明那里它是“良知”。它最为关注的是人自身的价值，人为自己立法的同时也在为他人立法，但首先是为自己立法。

---

① 在本书初稿交出版社之后，我又读到了张一兵教授解读的阿多诺的思想，其中提到阿多诺的“星丛”概念，颇有启发。“在阿多诺看来，星丛概念所要建构的是一种全新的场境关系，不仅在主体与客体之间，而且在主体与主体、主体与类、意识与存在、概念与经验、价值与技术等凡是存在关系的地方，都应该构成一种各种不同因素之间‘和平’的伙伴关系，即‘相安无事中彼此不存在支配关系的但又存在各自介入的区别状态。”——张一兵：《无调式的辩证想象：阿多诺否定辩证法的文本式解读》，江苏人民出版社，2016 年。也许，“我”作为此在（Dasein），时刻在遭遇的人（此在及他在）、物（Ding）、事（Sache）、理，它们之间的关系就像星星与星星一样处在星丛之间。同时，这些星星的排列也不是无序的，“我”自己体悟的那些自得之理，就像星座一样，把若干人、物、事、理排成了一定的序列，构成了一定的图形。但是这样的序列和图形也是无定型的，仅仅是在特定的情境中对“非同一性事物”的综合。这与思想史上那些具有独断性质的“理”完全不是一回事。

② 理在人类认识史上的分类有很多种，大致可描述为所感、所信与所知之理。“所感”之理有时也包括情，特别是在中国人的传统思维中，情与理是不可分离的。“所信”之理是人们信服乃致信仰的那些道理，像中国人的儒、道、佛三家的教义。“所知”之理一般可认为是所谓“科学之理”，即康德划界在感性和知性范围内所得到的那些知识。而我的分类是规范之理与自得之理：规范之理包括以上三类中为一定范围内的人群所普遍认同的那些知识、教义或道理；自得之理则是我特别强调的，任何一种规范之理都要经过我作为此在的亲缘格局的那一关，即转化为自己充分认同并付诸行为的那些“理”。上述各种理的存在都要考虑到，它们的存在是价值评估之基石，作为价值评估之理，我们今天讲“实践理性”，必须赋予其实在的内容。

自孔子以来，“天行健，君子以自强不息”的儒家学子们主要修炼的就是这个“理”，中国古代士绅的人格力量立于此。

3.2.8　海德格尔打破了形而上学的神话，当然也不会有本体论的语言，“理一分殊”的说法在他那里是行不通的。我之所以要把理纳入到亲缘格局之中，正是因为由于海德格尔的偏执，导致他的哲学过于纠结在日常生活中的差异性，而对人类的共通性有所忽略。当然，也要看到，朱熹的“会万殊于一贯”说得容易，做到很难，或者说根本不可能。如果从无尽的可能性来理解“理一分殊”，也许更确切些。人生在世，对理的理解和开悟会逐步展开，亲缘格局在相当大的程度上是因为理的展开而开展的。

最高的理，不是历史和文化层次的，甚至哲学层次的也算不上，而是灵魂层次的，古人所谓“明心见性”，真的是有可能在某个时空场合达到了那样的境界，也即自己的灵魂与祖先、先哲的灵魂交融的状态，在这样一种状态中，理具有非凡的穿透力，给人以无尽的可能性来提升自己。可以确定地认为，人类的灵魂具有通达天地和四海，融入一切生物和非生物体的能力。它是高于一切文化分野的，它是区别于世俗界的贫穷和富贵的，它甚至是不计较人世间的善恶美丑的。

3.3　作为个体的“我”和在生命历程中涌现在“我”面前的人、物、事、理的关系，即所谓主体与客体的关系，“主体的解除自身中心化和客体的建构是同一个整合过程的两个方面”，“主体是在运演结构的种类日益复杂而无所不包的情况下，通过协调自己的活动，才能做到解除自身中心化的。但是，客体首先只是通过主体的活动才被认识的，因此客体本身一定是被主体建构成的。因为这个缘故，客体就具有永远被接近，但又永远不能达到的极限性质”[①]，正如同皮亚杰所认识到的那样，从人出生的那一刻起，主体和客体就是互相建构的，尤其是主体，分别作为社会实体的“我”、作为思维主体的“我”和作为身体的“我”，在和客体的互动中不断地重构自身。

3.4 亲缘格局是谱系式的存在。我大学时代的朋友胡列清的格局论和辩证逻辑论对谱系式存在（格局）做了精彩的论述。他说：“任何事物之作为实体与关系的二重性统一，就总会成为真理与境界的二重性统一，因而任何事物都具备一个格局状的逻辑结构，一种多层级并存的结构，而非某样一个单一层面上的绝对实体。所以，格局才是二重性相关的世界之逻辑图像，或说任何事物都是一个多层级并存的逻辑结构，都是一个格局，而不是绝对的实体，也不是纯粹的关系。”[②]“辩证逻辑是关于世界的谱系结构的逻辑。在辩证逻辑看来，世界不是无序的存在，而是谱系式的存在，万事万物无不分居于由二重性所展开的‘天道’谱系的某一位置。”“真正的辩证逻辑是‘谱辩证’，是‘格局论’。这既是辩证逻辑的要求和体现，也是中华传统思维方式的根本特质。在传统儒家的‘气化论’

---

① 皮亚杰：《发生认识论》中译本，商务印书馆，1981年，第93页。

② 胡列清：《二重论》，陕西人民出版社，2001年，第160页。

那里，世界不是单一平面的，而是正交的，还兼有层次性的另一面，合起来就是一种同时兼具两个向度的、谱系式的、多层次并存的复合结构。”①

3.4.1　胡列清还谈到“事实本身”分层呈现的问题，深化了对胡塞尔关于“本质直观”的理论。他说：“既然‘事实本身’具有层次性结构，那么，我们所‘直观’到的‘本质’也必然是一个层次性的序列，并且，既然我们能对每一个环节上的本质进行直观，那么，我们赋予每一个本质环节以相应认识形式的直观能力本身，也应呈现为一个不同层次的序列。即是说，在我们的意识结构中，有着不同环节上的构造及其产物。本质直观就同个体直观一样，本身都是相对而言的，都只是不同的构造环节上的产物。引申地讲，不同的生命物种各自的直观能力（所能达到的最高水平）是不同的，并且按照构造性的发生顺序排列成一个等级序列。对这一点，胡塞尔本人是没有明确的认识的。”②

“本质直观是与现象学还原同时进行的，即一旦真值逻辑的实体性设定被悬置后，世界总体性的一面即被括弧了起来，而留下整体性的一面。此整体必为关系整体，必为实体之场所或总体之极限，必以直观本质为标志，而直观本质也就在主客的直接同一性之中。

① 胡列清：《文明的立场和高度——辩证儒学导论》，陕西人民出版社，2014 年，第 55 页。

② 胡列清：《二重论》，陕西人民出版社，2001 年，第 147 页。

因此，主体可以直观地获取世界的直观本质，此即本质直观。”[①]

“根本地，本质直观不是一个独立的认识环节或认识方法，而是认识的二重性的一重，是认识中的形式本身，是决定对象在哪个层面上开显的平台本身，或者说是对象被意义所构造的构造环节本身。一方面，本质直观是抽象思辨的前提，即将世界对象化的意义基础；另一方面，本质直观又以前一环节上的全部的抽象思辨，即以全部的对象化形式为前提和基础。正是本质直观与抽象思辨的二重性统一，才使内容与形式、意义与对象、直观本质与抽象本质、构造环节与结构单元等达成辩证统一，从而将世界展开为演化过程与结构状态的辩证统一。”[②]“对象世界的展开，总是直观本质与抽象本质的统一，是共性与个性、形式与内容的统一，而且统一体会因其双方的辩证转化而发生层次性飞跃，从而表现出一个统一的环节序列。具体地，抽象本质以直观本质为基础和形式，并在这个意义上被直观理解。这种对抽象本质的理解，无疑要将抽象本质展开为一个‘体验流’的过程，最终使主体同一于这个体验流，即主体自身的构造性复杂程度，达成与抽象本质的无限全体相同一的程度，从而使抽象本质在极限意义上被直观把握，而成为新的高一层面上的直观本质，并展开新的抽象本质。”[③]

我理解，此处提到的“主体自身的构造性”离本书所论的亲缘格局只有一步之遥。但是胡列清的哲学视野更加宽广博大（他着眼

---

① 胡列清：《二重论》，陕西人民出版社，2001 年，第 149 页。

② 胡列清：《二重论》，陕西人民出版社，2001 年，第 155 页。

③ 胡列清：《二重论》，陕西人民出版社，2001 年，第 158 页。

于相融共通的世界图景，并不局限于作为个体的“人”），之后他又将研究重点转入中、西、印三种文化之间的比较以及中华儒学复兴上，没有对“主体自身的构造性”作更深入地挖掘，因此导致对于二重性逻辑的贯彻并不彻底。比如他说：“新旧事物之间不是你死我活的所谓矛盾关系，而是反身迭代的重构关系。”① 这样的说法不把特定的主体摆进来是无法成立的，所谓事物的新与旧，它们之间是什么样的关系，离不开主体自身即某一个体对它的判定，也即和个体的亲缘格局相关。事物之间的矛盾关系还是反身迭代关系，如果没有特定的人来判定它，都不存在。反身迭代的重构关系是胡列清的判定，而矛盾关系是主张阶级斗争的那些人的判定。

虽然涉及个体亲缘格局的层次性和差异性（即“主体自身的构造性”会产生的那些东西）会很琐碎、很麻烦，甚至可能会在考察社会政治问题方面无所作为，但这种“无用”在智能时代会由于其直面事实而变得“有用”起来。因此，从亲缘格局论角度看，卢卡奇的观点需要重新加以认识：“卢卡奇认为在康德犹豫不决的地方，马克思迈出了决定性的一步。马克思的实践观再不是像康德那样逃避社会，在道德自律的王国中哀叹，而是直面惨淡的人生，严酷的现实，直接把实践与社会历史结合起来，或者说马克思的实践观已再不像康德那样局限于个人内心的道德评价，而把实践与宏大的历

① 胡列清：《二重论》，陕西人民出版社，2001 年，第 373 页。

史发展融为了一体。”[①]时至今日，我们需要认真考虑一下，康德是在逃避现实还是出于对复杂问题保持谨慎的态度？[②]“实践与宏大的历史发展”的融合真的可以无往而不胜吗？康德所开创的理性批判哲学是兼顾到个人和历史的，而马克思主义者则继承了黑格尔的传统，过于看重宏大叙事而忽略个体理性的重要性，从而使他们在宏观的视野中固然有时候胜出一筹，有时也会在对偶然和个体的忽略中对历史进程做出过于笼统或乐观的估计。康德是纯粹的、理性的哲学家，他考虑问题没有像那些社会革命家那样“咬定青山不放松”的豪情，也没有像黑格尔那样的思辨哲学家对自己制造出来的体系的信心满满。对于复杂的历史和社会问题，对于必然和偶然事件的认定，哲学家一定要谨慎，这是从黑格尔以来资本主义发展史告诉我们的一个教训。卢卡奇在晚年写《关于社会存在的本体论》，但到他去世也没有完成，似乎说明他对这些问题的复杂性有所认

---

① 张西平：《历史哲学的重建——卢卡奇与当代西方社会思潮》，生活·读书·新知三联书店，1997 年。

② 不妨再仔细阅读一下康德关于“物自体”的论述：“唯心主义认为除了思维的存在体外无别物，认为直观所感知的不过是思维之内的表象，外界并无任何对象与之对应。我的看法相反，我认为，作为我们感官对象在我们之外的东西是存在的，这些东西本身是什么，我们毫无所知，我们只知道它们的现象，即当它们作用于我们感官时在我们之内所产生的表象。因之，我承认在我们之外有物体存在。”引自康德：《任何一种能够作为科学出现的未来形而上学导论》，商务印书馆，1982 年，第 50 页。在我看来，对康德的这种谨慎态度我们要尊重，要同情地理解，而决不能视之为“小资产阶级”的怯懦、不敢直接面对社会而造成的。

识[1]。

3.4.2 同样的，胡列清提出的“反身重构”[2]是个很好的概念，他说：“对象不可能是绝对的、静止的、固定的既定之物，而必然永远是被主体投射和改造过的被构造之物。因此，对象必然要随着主体自身的改变而改变。……当意识活动在新的意义环节上发生整合时，必然使得对象被带到新的平台上而被彻底重构，也就使得对象的呈现发生了层次性的跨越。我们称这种因为主体自身的构造性复杂程度的提高，从而导致在更高的意义环节上被重构的现象为反身重构现象，简称为反身，并称主体所具备的这种能够整合出新的意义环节的能力为反身能力，或反身性。”[3]虽然胡列清强调了主体（普遍意义的“人”）的反身能力，但在我看来，对具体事物而言，应该更加突出作为个体的“我”的存在及其作用，只有个体的人在其中发挥作用，才能完成事物的反身重构，而且不同的人发挥的作用不同，反身重构后的事物结构、方向和水平也会不同。

---

① 卢卡奇对马克思的异化、人道主义理论的理解使他重视个人解放的问题，这也是他认为马克思被曲解得最严重的一个理论问题。而卢卡奇的《历史与阶级意识》是在1932年马克思《1844年经济学哲学手稿》发表之前就写成的，所以学术界都承认卢卡奇在传播马克思异化和人道主义理论方面的贡献。在我看来，也正因为卢卡奇有了这方面的学术积累，而且到晚年仍然重视异化和人道主义问题，才使得他对个体与社会、实践与自然的关系保持谨慎，至于他是不是难以协调所谓社会存在与个体存在的本体论问题，以至于完成不了《关于社会存在的本体论》大作，不得而知。亲缘格局论所采取的办法是超越本体论、认识论，从中国本土的“宙合”观念来包容个体的亲缘格局，这一尝试不一定成功，但值得一试。

② 胡列清：《二重论》第五章，陕西人民出版社，2001年。

③ 胡列清：《二重论》，陕西人民出版社，2001年，第259页。

3.4.2.1 反身性是投资大师索罗斯所提出的一个哲学概念。索罗斯在大学时代，深受其导师卡尔·波普尔的证伪主义哲学的影响，在此基础上提出了反身性原理，同时将这一原理应用于他的金融证券实践，并由此获得巨大的成功。波普尔的证伪主义哲学对他的重大启示在于：它提示了人类认知活动具有的本质的不完备性。人们只能在一个不断批判的过程中接近真理，在这个过程中的一切判断都只是暂时有效的，并且都是证伪的对象。索罗斯在金融证券实践中发现，“参与者的偏向”往往是偶然因素[①]占主导，参与者的偏向有时会极大地改变社会经济和金融的所谓规律性进程。因此，在具体的经济金融实践中，我们要更加关注如何纠正或尽量减少“参与者的偏向”所带来的问题，而不是盲目相信经济金融本身的所谓“规律”。从根本上说，要降低经济金融领域的波动性，必须改变原有市场经济体系中重资产抵押的导向，改变过度依赖国家信用的导向，回归市场本质，着重个体信用的积累和利用。这个重大的问题在即将到来的智能时代可能会有解决方案，本书附录部分有所探讨。

---

① 其实，偶然的事件往往会打乱历史发展的进程，这一点很多历史学家并不承认，或者说不想承认（学问家不承认偶然事件的重要性，可能是怕他们对于所谓规律性的认识遭到鄙弃）。比如，中国历史的进程中也充满了偶然性，如萧何之于韩信，韩信之于刘邦，如果没有韩信的偶然出现，刘邦必将止于小打小闹。吴三桂降清纯属偶然，但是他的举动造成了一系列严重的后果，最终导致中华民族被满清统治三百年。日本偷袭珍珠港导致美国参战，从根本上改变了二战的战局，则使中国免于被日本灭亡的命运。在金融证券的实践中，由于有更多的赌性十足的人或机构参与其中，而且参与频率非常之高，偶然性更是不可忽视的。

3.5　与胡列清关于抽象本质和直观本质的分列相一致，如果我们把亲缘格局理解为自我存在的状态，可视其为先验自我和经验自我一起构成的存在。从中国哲学的观点看，先验自我（抽象本质）属阳性、乾道，是亲缘格局层次提升或者说是形式演化的动力；经验自我（直观本质）属阴性、坤道，是亲缘格局内容充实的基地。先验自我与经验自我是乾坤并建、阴阳同体之习、性，“习成而性与成”[①]，其日生日成的结果就是亲缘格局。

先验自我和经验自我是康德以来很热门的哲学话题，但是西方哲学的“单性”[②]思维方式使得乾健、坤顺这样的理念无法得到理解，自然而然就只能把先验自我（胡塞尔那里叫纯粹自我）最终推向神秘主义的情境，而经验自我也必将陷入无所依归的情境中。

值得注意的是，当胡塞尔借用莱布尼茨的单子来说明先验自我的活性时，胡塞尔明确提到了先验自我蕴藏的生命本能和天赋资质，而且胡塞尔看到了一种“普遍的目的论”。意识在其不断奋进的生活中天赋地、本质地指向了诸多经验中的日益复杂的、稳定的统一体。我把这种天赋的、本质的指向称之为“向上”“向善”和“向和（中和、平和）”的亲缘格局所具有的先天的倾向性。“天行健，君子以自强不息”，要说明的也就是这样的倾向，它是乾坤并建中乾德在大化流行中的妙用。

---

① 王夫之：《尚书引义 · 太甲二》，船山全书第二卷，第 299 页。

② 伊甸园里虽然有亚当、夏娃，但据说夏娃是亚当的肋骨造出来的。而中国自古以来的观念就是“日月为易”“一阴一阳之谓道”。

3.5.1 先验自我和经验自我本来是同体相异的，这样的观念使得传统的主、客体之分的说法显得苍白无力，但是自我存在要体现价值，也就是自我价值的实现，这又是现代人特别看重的。因此，主、客体强行分离，成为现代人生活必然面临的悲剧，但西梅尔把它当成价值实现的源泉，他说："客体通过与主体相分离形成了自己的特性，与此同时主体设立了它并试图以自己的需要来征服它，这样客体便由此形成了，这就是我们所谓的价值。体验自身愉悦的那一刻，主体和客体之间的对立关系便被抹掉了，价值也便被消费了。只有作为对立面，作为与主体相分离的客体，价值才能被重新恢复。像下面这样琐碎的经验，例如我们只有在失去它们以后才会欣赏我们所拥有的价值，例如一味地抑制某个渴望得到的客体，经常会赋予它与其可能产生的任何愉悦感完全不成比例的价值，再例如我们喜爱的客体的远离（无论是事实上的还是喻指的远离）会使它们呈现在一种理想化的光环之下，从而大大增加它们的吸引力——所有这些都只不过是基本事实的派生、变异和混合，这个事实便是：价值并非源自于主体获得客体的愉悦时刻的完整的统一性，而是源于主体和作为被需要的客体而存在于主体对立面的客体愉悦内容的分离，客体的愉悦内容只有通过征服距离、障碍和困难才能获得。"[①] 亲缘格局论超越主客体之间的对立是显然的，人生价值在其中显现也成为必然。亲缘格局论教人不要在追求不可得的

① 格奥尔格·西梅尔：《货币哲学》中译本，江西教育出版社，第9—10页。

“客体”中浪费生命，而要注重主客体之间的“亲缘”是否到位，有缘的才是有价值的（有缘来相认），无缘的有没有价值都无所谓（无缘不入心）。

四
人生在世的亲缘格局

4.　人生在世，海德格尔说那是“我”作为“此在”存在的基本情态和存在意义之根据。人生在世，因而“我”无时不处在亲缘格局之中。构筑和提升亲缘格局的努力必然贯穿人的一生，它就是人生价值（意义）之所在。

4.1 “此在”存在之把握的前提是：存在之领悟已经自行形成，即此在已然在世界之中存在，而且清醒地意识到自己存在于一个共同的世界之中。正如赫拉克利特所说，“清醒者有一个世界，而且有一个共同的世界，相反地，每一个沉睡者都专注于他自己的世界。”这个共同的世界兼具有限的现实性和无限的可能性，我们用个体的亲缘格局及其总和来说明，这个总和就是“宙合”。

4.2 因亲缘之无所不在，人生的经验得以丰富，到处都可能绽放人、物、事、理之花朵。“唯存在之被揭示状态才使存在者凭其自身而变得可通达的。”[①] 存在之领悟是人对亲缘的把握，它先行揭示着并且引导着一切对存在者的行为。

4.3 “朝闻道，夕死可矣”，以亲缘格局论的观点看，“闻道”就是把握了“宙合”之道，也就是把握了存在，而不仅仅是把握了理，按庄子的说法是达到了逍遥游的境界，按佛家的话语说是达到了“理事无碍，事事无碍”的境界。“闻道”可以说是人生亲缘格局所能通达的最高境界。

4.3.1 海德格尔发现了“世界化着的世界”，这个世界中有四合，即大地与天空，神性者与终有一死者。这四大要素被海德格尔称为“一体的四方”，“这四方在出于其自身的一体的四合的纯一性中”聚集起来。这个“世界化着的世界”奠基于诸关系之间的一种四重性：诸种联系和关系的全体只能在其四重性中共同给出或不给出。“世界化着的世界”并不在上帝或者主体那里具有基础，这样一个世界只有从其自身出发才出现或者不出现。

海德格尔把人定义为“终有一死者”，是因为人“有能力承担作为死亡的死亡”。也就是说，正如《存在与时间》里所刻画的那样，人们只有积极地生存，才能坦然地“赴死”。然而，人在当前或历史

---

① 海德格尔：《论根据之本质》，引自《路标》中译本，商务印书馆，2000 年。

的世界中，因为人的茫然、被异化、被压迫甚至被暴力杀戮，坦然赴死是非常难做到的。正因为如此，我们要努力创造出自己的“世界化着的世界”，即孔子鼓励的“闻道”。

4.3.1.1　每一个体所面对的“世界化着的世界”就是他的亲缘格局。格局奠基于每一个体在其面对的历史和社会中所形成的亲缘，而又对其（下一个时间段内的）亲缘产生决定性的影响。亲缘格局具有很明显的反身性，可以不断地“反身重构”，其动力来自于与“我”有亲缘的“理”。

4.3.1.2　黑格尔说：“凡是现实的都是合理的，凡是合理的都是现实的。”这一名言和亲缘格局论从表面上看极为相似，但亲缘格局论产生于中国的土地上，当然与“现实即合理”的内涵有非常多的不同。每一个人的“现实”世界就是他的亲缘格局的存在之呈现。但人、物、事、理之“理”不是黑格尔意义上的绝对精神，而是和人、物、事统一于个体的亲缘格局之中的，和往圣先贤以及祖先、父母、亲友的亲缘格局相关联的，反映了社会现实中的常识及其内在规律的“理”。

4.4　亲缘格局是我从海德格尔哲学与中国传统文化的亲缘中总结提升的概念，后来我又发现皮亚杰的发生认识论和怀特海的摄入论可以将亲缘格局的形成过程有所细化。亲缘就是作为个体的“我”和“我”在生命场域中所遭遇的人、物、事、理的关系，这关系可能是欲望的、利益的、情感的（道德的）、理性的（文化的）乃至灵魂的[①]各个方面的关系。格局是“我”在生命延续的时间里具有层次和境界的结构。每个人终有一死，所以“我”存在的时间是有限的，有的在有限中满足，有的在有限中追求无限，这就使得亲缘格局在存在过程中具有变动不居的性质，但是在某一时间段又具有相对稳定性。

4.4.1　亲缘格局描述的是作为个体和主体的“我”在某一时间段内具有相对稳定性的那种状态。亲缘格局的相对稳定性使得我们对它的分析成为可能，但是严格来说，人在整个一生中的亲缘格局是绵延的过程[②]，这个过程是完整的、不可分割的，只是为了分析，我们在一个时间点对它硬行切割。参照怀特海的说法，在某一时间之前的所有的人、物、事、理被“我”摄入[③]，并成为一个整体，达到了“满足”的状态。由于切割点的存在，它和未来的联系暂且不纳入我们的分析。在这一点上，我们的分析和海德格尔的哲学发生

① 即使是在中国古代社会，对血亲和“孝”十分重视，但从本质上看，从世俗社会的本来面目看，亲缘决不仅仅是情感的（道德的）联系。有些学派对某一方面（如儒家对“孝”的强调）关系的强调是构筑其思想体系的需要，或者是占据意识形态主流的需要。具体在某一个体，必然是某一方面关系在特定的时刻占主导，因其亲缘格局而变，特别是因其自得之理而变。当然，主流思想对于大众的亲缘格局导向有时是影响巨大的，特别是当他们主导了这个社会的理之后，如二十世纪五六十年代中国人的革命意识渗透进了大多数民众的利益、情感和理性之中。“毛泽东思想活的灵魂”，就是强调对共产党人乃至普通民众灵魂的塑造。

② 直到死亡那一刻为止，正所谓“盖棺定论”。

③ 摄入（Apprehend）的说法很形象，用于说明构成亲缘格局的“质料”（亚里士多德的词汇，怀特海称为“Datum 予料”）很不错。没有被“我”摄入的当然和“我”没有亲缘，就像在大街上看到的美女，虽然有可能一时心动，但转眼就忘记了。

了矛盾。在海德格尔看来，人的价值是和它的过去、现在和未来须臾不可分的，而且更多的是和它的未来相联系的。人对自身价值的确认，主要来自于对未来的自己“终有一死”而且必然孤独就死的深刻认知，是人对死亡的“畏”导致了人那么关注自身的价值。（在这一点上，海德格尔是对的。但是，我们研究亲缘格局论的一个重要目的是对个体价值的评估，既然要评估就必须有确定性的东西，就必须有某种程度的切割。还是那句话，我们是活在现实生活中，不能以诗意代替生活，如果强调生命的绵延，就必然只能是不确定性蔓延的诗意人生，而对人生价值不可能有确定性的评价。）

4.5　承认个体差异性的亲缘格局论：天赋（智力、性格）、家族财富和权力地位的传承、后天努力的方向和方法[①]。

4.6　强调个体同一性以及个体之间共通性的亲缘格局论：每一个体从生至死这个过程是平等的，构筑和提升亲缘格局的努力赋予每一个体，个体的亲缘格局具有同一性，同时与祖宗先人以及其他有亲缘的个体的亲缘格局具有共通性，因此，亲缘格局在特定的时间、空间中具有可加总性。个体的亲缘格局在特定的时间、空间中的总和是“宙合”。

① 可参照王阳明对“君子不器”（《论语·为政》）的阐释：《传习录·陆澄录》：“人要随才成就。才是其所能为，如夔之乐，稷之种，是他资性合下便如此；成就之者，亦只是要他心体纯乎天理上发来，然后谓之才。到得纯乎天理处，亦能‘不器’，使夔、稷易艺而为，当亦能之。如‘素富贵行乎富贵，素患难行乎患难，’皆是‘不器’。此惟养得心体正者能之。”

4.6.1 “宙合”之来源：“宙合”一词来源于《管子·宙合》[①]，通俗地讲就是四方加四时，时间和空间中充满灵性的“有物混成”[②]，我们把它重新定义为个体亲缘格局在特定的时间和空间中的总和。

4.6.2 和而不同是“宙合”中美妙的亲缘格局状态。“和”是个体与个体亲缘格局之间所能达成的美妙的状态。由此延伸出的“和而不同”是君子为人做事特别是在对待文化传承上最重要的一个原则。知道和的状态很好而一味求和，而不懂得以礼的原则来节制，就是“同”。盲目的追求和，相当于混同，不能达成真正的“和”。个体亲缘格局之聚合为“宙合”，文化上的“和而不同”是必要前提。

和而不同，是要始终把握性情之正。子曰：“《诗》三百，一言以蔽之，曰：‘思无邪’。”（《论语·为政》）孔子对《诗》的评价如此之高，可能出乎很多道德家的意外，也导致了历代很多儒家解说的自相矛盾。《诗》反映了周前和周初的很多历史事实，其中有许多是关于男女之情的描述，还有一些是对当政者的不满情绪的表达，孔子用“心思纯正”来概括，就是对这些事实和感情的充分肯定。后代的一些儒者出于对当政者的维护和男女之情的大防，不敢阐述孔

---

①《管子·宙合》：“‘天地，万物之橐也，宙合有橐天地。’天地苴万物，故曰万物之橐。宙合之意，上通于天之上，下泉于地之下，外出于四海之外，合络天地以为一裹。散之至于无间，不可名而山。是大之无外，小之无内，故曰有橐天地。……故言而名之曰宙合。”

②《老子》第二十五章：“有物混成，先天地生。寂兮寥兮，独立而不改，周行而不殆，可以为天下母。”

子为什么要这么肯定《诗》。主要是因为，他们把孔子当成了没有情欲、没有不满情绪的圣人，而不是一个普通的、有情有欲、真情流露的文化人。他们把孔子的亲缘格局人为地扭曲了，也把他们自己的亲缘格局人为地扭曲了。有些儒学后人提倡的存天理而灭人欲①是不可能的，是违反人之性情的，也不合孔子的本意。也就是说，“天理”和人欲都在此在的亲缘格局之中，关键是得性情之正。

“文质彬彬，然后君子。”君子作为文化人的一生，要“和而不同”，在吸取异族文化的同时保持文化传承的正统性，在听取他人意见时保持自己的独立风范和人格精神。但这并不容易做到，而且往往是很难的，有时即使付出血的代价和数辈人的努力，在一定的情境下也难以完整地保持“和而不同”。比如，明清朝代更替，满族人用暴力征服了汉族人，强行逼迫汉人削发、穿满服，虽然在服饰上消灭了汉文化的影子，但是又大力倡导其他汉文化的学习，所以满汉文化经过了长时期的混同，在不知不觉中汉文化的某些精髓还是被遗弃了，只有在南方的客家先民中才得以顽强的保持②。

① 存天理而灭人欲，一般认为是宋明理学家一致的理念，其实不对，只是个别性格苛刻的人说过这样的话，而且也是在特定情境下说的，总体来说，儒家对人性是宽容的。至于统治者为了某种利益而立贞节牌坊，不能完全归罪于儒家。鲁迅由此延伸出中国古代封建文化“吃人”的所谓真相，更是过了。

② 我一直认为，南方的客家先民对汉文化的坚持和传承，是近代中国精英辈出的根本原因之所在。从洪秀全、孙中山，到康有为、梁启超、谭嗣同，到毛泽东、陈毅、叶剑英、邓小平，哪一个不是客家后人或者受到客家文化的强烈熏陶？ 蒙元统治中国的时代，虽然统治者取消科举制度，对儒家整体打压，但由于蒙元统治地域辽阔，对中国南方的统治薄弱，南方的书院文化发达，汉文化得到了保存。同样的，满清的“奴才文化”对南方的影响力要远远弱于北方，太平天国起事于客家地区，孙中山领导的国民革命兴起于东南沿海，辛亥革命源起于四川保路运动、起义于武昌，这些都有南方文化继承中华民族血脉的因缘在，“和而不同”的正气一直延续。

由此，又想到20世纪初开始的我国文化“启蒙运动”，当时外敌入侵的形势急迫，知识文化界有一种激愤的情绪，恨不得一天之内就把西方文化中强有力的东西学过来抵御强敌，有的甚至喊出了“全盘西化”的口号。回头来看，当时的知识文化界精英大多都是受过严格的传统文化教育的，他们未必不知道“和而不同”的道理，但是急迫的形势却不允许他们再向国民讲这些道理，而必须振聋发聩地喊出“师夷之长技以制夷”，不管三七二十一先学了西方，也就是所谓“救亡压倒启蒙”。不管怎样，帝制推翻了，民国建立了，日本人投降了，中国共产党取得了新政权，等等，前人的功绩是明显的，在当前国泰民安的新的环境中再来强调“和而不同”也并不为迟。我们要在一百多年来学习西方的基础上，梳理得失，正本清源，保持中华优秀文化的传承。

4.7　亲缘格局的深刻性在生死问题上得到了充分的体现。孔子对这个问题采取了模棱两可的态度，他说“未知生，焉知死”（《论语·先进》），但同时他对人的死亡这件事又非常重视，要求注重葬礼而且要求人子为其父母守陵三年。在人的生死问题上，人是自觉一点好还是糊涂一点好？大概哲学家们都会感到为难。亲缘格局论认为，人的生命是一个绵延的过程，人的价值就体现在亲缘格局的形成、重构、提升的一系列事件之中，除了宗教的狂热信徒之外，一般人都是按照“常理”（对“常理”的理解和他的亲缘格局紧密相关）来选择和判断生活中的各种行为和情感，包括生死问题。至于像海德格尔那样的深刻的“畏”，一般人是体会不到的，也没必要去提倡。

对于正宗的汉人而言，也许更“畏”的不是自己的死亡，而是父母的死亡或者所谓“白发人送黑发人”的死亡。人的生命过程只不过是对自己这一脉从父母到子孙的接力者而已。“父母在，人生尚有来处；父母去，人生只剩归途。”“月是故乡明。”“叶落归根。”这些话深刻阐释了汉人对于父母、祖宗和故乡的归依感，这就是汉人认定的对于生死问题的“常理”。因而，汉人的价值也更多地体现在所谓“光宗耀祖”“衣锦还乡”上，如果做到了这些，似乎人就不会孤独地就死，而会活在后人的心中，而且对死去的亲人和祖宗也有交代。

4.7.1　在亲缘格局中，“我”的价值是自己确认的而且要上及祖宗、下延子孙，主体和客体融于自身（中国人的“自身”绝对不只是自己），那么，价值的体现就在于人生过程之亲缘格局的不断构造、重构和提升之中了，对死亡的征服感就来自于这个“性日生日成”（王夫之语）的过程，人生所有的愉悦也都来自于这个过程。“天行健，君子以自强不息”，在所有已经创生的哲学思想中，儒家的这种说法是最接近于亲缘格局这一哲学观念的。

4.8　人生在世一直处在“我”与“他者”不能完全相融合的常态下，“我”的亲缘格局（将其评估进行数量化，就是所谓的价值）在不断重构中，永远是充满不确定性的（直到死亡那一刻为止），所以人往往渴望通过一些确定性的东西来求证“我”的价值的存在及其多少。况且，人生有一些基本需要是必须要满足的，这些基本需要被满足的程度往往是大多数人认定的人生价值之所在。由于人类生存历史的长期积淀，财货被普罗大众认定为能满足人生的这些基本需要的确定性的事物，它们不仅能满足暂时的需要，而且作为能随时随处交换，或者能持续产生收入这一价值体现物，能满足长久的生存需要。

随着“我”对外交往圈子的扩大，财货对于人的价值的重要性就不仅仅限于满足基本需要了。一是“仓廪实而知礼节”，财货满足了基本需要之后，“我”自然滋生了新的较高级的需求。二是“三代培养一个贵族”，有了财货的代代相传和不断积累，教育背景、社会地位、交往圈子都会提高到一定的层次上。三是“财用足而天地宽”，财货的交换功能在现代社会更加显现，财货所交换的物质和精神方面的东西将扩展“我”的视野，让“我”在事业上的基础雄厚，想做的事做成的可能性大大增加，也使“我”身边有更多的朋友来聚集，他们更愿意帮我去做成一些事，他们的思想和经验都会和“我”分享，等等。

“金钱不是万能的，没有钱是万万不能的。”这句话十分形象地说明了财货对于人生的极端重要性，当然也说明了财货本身的局限性。“我”的情感、意志、见识、品性，等等，都在亲缘格局中占据重要地位，而且人人各不相同，这就决定了对于同一财货价值的主观评价在不同的人眼里会变得非常不一样，甚至在同一个人眼里不同的时间和情境之下也会很不相同。

4.9　亲缘格局论不是历史决定论，也不是目的论。个体生命中不懈地追求亲缘格局的重构和提升，将会有很多意想不到的“副产品”，而且这些“副产品”往往是“无价的”（准确地说，在特定的情况下无须评估其代价）。的确，人的选择从来都不是完全自由的，亲缘格局论完全承认人自身在一定时期和特定范围内的局限性，但在这些局限性下个体的生命仍然有很强的自主性。和往圣先贤以及祖先、父母、亲友的亲缘格局关联着的个体，有崇高的荣誉感和使命感来发挥这种自主性，从而推动了亲缘格局不断的重构和提升。

很多的“副产品”在特定的情况下无须评估其代价，这和西方经济学的概念是完全对立的。当然，也有很多时候是需要评估其价值和成本的，但价值体系和评估方法可能会不同于西方经济学。所以在亲缘格局论的视角下，经济学的很多概念有了崭新的内涵，我们想着重分析的是和人生价值相关的经济学概念——价值、资本和不确定性，等等。在智能时代即将到来的今天，亲缘格局论的视角显得新颖，而且可能比以往的那些西方经济学论题更具有说服力。本书主要研究哲学，对经济学论题只是点到为止，希望将来有专著来论述。

比如，技术和竞争在很大程度上改变了价值主观评价的随意性，使现代财货的价值走向确定性的趋势日益显著。技术的进步提供了巨大的展示平台，使财货的价值鲜明地出现在世人面前，而人与人之间对于某一财货的竞争则更使价值价格化、财货符号化，使财货的交换日益便捷而频繁，从而促进了所谓通货——货币的形成、蔓延和泛滥。

货币这种通用财货是使抽象价值具体化的物质，并以国家法定的形式得到了确认，最重要的是，它反映了人类对于财货的确定性的欲求以及财货始终短缺（相对于大众对它的难以满足的欲求而言）这一事实，它填平了经济实践过程中可能发生的中断或者不平等，从而保持了经济实践的连续性。“货币是抽象价值的代表。从经济关系即客体可交换性当中，这一关系的事实被提取出来，并相对于那些客体获得了一个可见符号的概念的存在。货币是经济客体共通之处（在学术语言中，我们可称之为在事物前、中、后的普遍性）的一种具体实现，人类生活普遍的痛苦被这一符号最充分地反映出来，即被大多数人经历的货币的持续短缺反映出来。”①“货币的哲学意义是：它在实践世界中代表所有存在的公式的最可靠的图像和最清晰的体现，据此，事物通过彼此得到了它们的意义，并且它们的存在通过它们的相互关系被确定了。”②“因为货币的这一取代任何特殊经济价值的功能并不与这些价值的任何一个相联系，而只是与它们可能进入的关系相联系，所以它保证了经济实践系列的连续性。……货币可以补偿存在于任何物物交换体系中的不平等，可以填平将要被消费的客体移动所导致的鸿沟。显然，只有通过货币系列以外的观念位置，货币才能够获得经济系列之内的实际位置。”③

---

① 格奥尔格·西梅尔：《货币哲学》中译本，江西教育出版社，2014年，第69页。

② 格奥尔格·西梅尔：《货币哲学》中译本，江西教育出版社，2014年，第78页。

③ 格奥尔格·西梅尔：《货币哲学》中译本，江西教育出版社，2014年，第74页。

货币天生具有夷平一切价值差异的本领，表现在社会生活中就成了造就现代犬儒主义和享乐主义的渊薮。现代犬儒主义者对于货币本身以及它们所能代表（或购买）的财货的兴趣超过一切，一切价值取向在他们那里都成了过眼烟云。现代享乐主义则在追求刺激、追求极端印象、追求变化中迷失了自己，他们把这种迷失本身当成了人生的价值所在。而亲缘格局论者虽然承认财货对于人生的重要性，但是更清楚它们的局限性。货币在社会生活中对于财货无差别的购买，并没有改变财货在被摄入具体个体后而产生的反应的差异。也就是说，个体把具体的财货以及它们带来的衍生物（如教育背景、社会地位、交往圈子等）纳入自己的亲缘格局之中，有可能会产生对亲缘格局的重构和提升。

“货币的出现标志着人类迈出了严格封闭的特殊主义的小圈子，货币是普遍主义价值及其尺度的结晶。但是货币的直接功能基本上局限于经济领域。社会生活及发生于其中的交换要比之广阔得多。……考试的分数、工作的成绩，等等，同货币一道，构成了社会生活中普遍主义的尺度。”①

在马克思眼里，资本家对于货币的追求达到狂热的地步是必然的，其实，在货币经济社会里，追逐货币的人岂止是资本家！当货币强烈异化成另一个“经验自我”的时候，自我的分裂就不可避免，亲缘格局面临崩溃。

① 郑也夫:《代价论》，生活·读书·新知三联书店，1995年，第42页。

4.10 人生存在亲缘格局所造就的氛围里。光宗耀祖，荫及子孙，这样的传统观念在中国人的亲缘格局中稳固扎根。在传统社会，中国人赚钱的动力在于此。而西方16世纪以后的清教徒赚钱的动力在于辛勤工作本身，辛勤工作就是在上帝面前赎罪，以工作的成果证明自己是上帝的选民。中国和西方人们赚钱的目的不一样，社会认可的标准也有所不同，但是赚钱作为人存在的一种方式，表明人存在着是有意义的这一点是共通的。

虽然作为个体的“我”的亲缘格局不会自动地随着财富的增长而放大或提升（贫而乐，富而好礼是儒家的理想化社会形态），但是财富的多少、对它们怎么运用、怎么增殖，确实对“我”的亲缘格局有极其重大的影响。即使是对资本家残酷剥削有着切肤之痛的马克思，也在《资本论》中充满激情地讴歌了资本运动给欧美社会以及世界带来的重大变化。可惜的是，马克思没有充分认识到资本运动给人自身带来的深刻变化，而只是强调资本对劳动者的“异化”。事实上，资本运动给世界带来了那么多重大的、积极的变化，怎么可能对人自身只是充满否定的“异化”呢？马克思未竟的事业在某种意义上可以说是由海德格尔继承的，海德格尔承认资本和技术对人的“异化”，但此“异化”非彼“异化”，人要在自身可控的范围内把握人性的圆满和价值的实现。从海德格尔的哲学研读中，我时时刻刻感觉到其深沉的力量在于中西方哲学的融合，中西方哲学的精髓在两千多年的并行生长之后终于在他这里终于出现了汇聚的可能性[①]。

资本和技术极大地改变了社会文明的进程，改变了人与人之间的关系，甚至成为君临一切的控制人的力量。然而，从文化和哲学的观点穿透来看，它们仍然只是人世间事物的排列组合。亲缘格局在某一个体的人——“我”那里，从生到死一直在变动不居，但并不是不可把握的。我把握它的要点在于，在某个时间段内“我”的亲缘格局包含着四个要素：人、物、事、理，其中，“理”给了人最大的正能量，特别是当今时代反控制资本和技术的核心力量。只有把握这种核心力量，人的亲缘格局才是完整的，在不断提升的空间中、在绵延不绝的时间中生长。在现代社会逐步化解人的亲情友情的浮躁之风中，亲缘格局反身重构从而不断提升的力量始终来自于对“理”的体会和认同。

---

① 政治家与道德学问家的亲缘格局实在有很大的不同，不可混淆置之。海德格尔在他的哲学中，始终避免涉及伦理道德以及政治这些容易导致自相矛盾的话题，这就使他的哲学的包容性超出了以往任何哲学，从而也使得中西方哲学在他这里的汇聚成为可能。

康德关于知性、理性的论述被黑格尔嘲笑为“笨拙”，相比而言，海德格尔的哲学论述确实堪称“机巧”。特别是涉及“实践理性”方面，康德对自由和必然性的认识有点死心眼，他无视个体面向社会时必然遭遇的种种道德挑战，固执地强调意志自由和良知的作用，这对于维护其哲学体系的完整性是有用的，对于个别道德圣人坚持其理想也是管用的，但是却无助于凡俗的人们在真实的社会环境中去进行真实的道德实践。康德的实践理性像孔子的知其不可为而为之，同样怀抱“朝闻道，夕死可矣”的气概。海德格尔对于这样必然产生自相矛盾的话题就尽量避而不谈。

五

乾坤并建之“理”

5. 亲缘格局之构筑和提升所依存的“理”是我们生生不息之源泉，乾坤并建是其显著特征[①]。乾坤并建的思想在易学中早已有之，但直到明清之际王夫之才明确提出：“易者，互相推移以摩荡之谓。《周易》之书，乾坤并建以为首，易之体也；六十二卦错综乎三十四象而交列焉，易之用也。纯乾纯坤，未有易也，而相峙以并立，则易之道在，而立乎至足者为易之资。《屯》《蒙》以下，或错而幽明易其位，或综而往复易其几，互相易于六位之中，则天道之变化、人事之通塞尽焉。而人之所以酬酢万事、进退行藏、质文刑

① 我的朋友胡列清十分重视王夫之说的“乾坤并建”，我也和他多次探讨过我们之间对于这一思想认识的异同点。可参阅胡列清《文明的立场和高度——辩证儒学导论》，陕西人民出版社，2014 年。

赏之道，即于是而在。”[1] 王夫之是从乾坤二卦与其他六十四卦的推演关系来说明乾坤并建之易理的。而我在此书中讲的乾坤并建之理是为亲缘格局的构筑和提升之动力源泉而提出的。我要说明的乾坤并建之理是生活中的常理，以理一分殊的后现代观点看，可以视为规范之理和自得之理在“乾坤并建”（参见第六节），其中自得之理是个体自身所体会的（如程颢所说的自家体贴出来的），这一点非常重要，自得之理决定了“理”的非伦理、非政治、非强迫性的特征。

5.1 亲缘格局论探讨的“我”始终是作为日常生活中的普通人的个体的“我”，“我”所遭遇的理就是和“我”所遭遇的一切人、物、事相关联的常理（注意：常理是平常的理，不是恒常的理）。在我们的生活中，经常有人给我们灌输一些和“我”所遭遇的人、物、事不相关联的理，企图以其昏昏、使人昭昭，后来都成了“虚理”，不知所云或干脆忘记了。

5.1.1 科学家的理是与他们思维和想象中的人、物、事的相关联的理。

5.1.2 哲学家的理是与他们思维和想象中的人、物、事的相关联的理。

① 王夫之《周易外传》，《船山遗书》第七卷。

5.1.3　事实证明，科学家和哲学家都不能以他们的专业学问里的理来指导他们的日常生活。要是有人这么做，很可能就会成为那个最后疯掉了的尼采。

5.1.4　常理是平常的理，不是恒常的理。在亲缘格局论中，我们不讨论恒常的理。到底有没有恒常的理，我们不知道，也不想知道。

5.1.5　亲缘格局中的人、物、事、理被我摆到了一个平面上，一个重要的原因是对于理性的警惕。非理性主义有其合理的一面，是因为很多所谓理性之言都是对“常理”的扭曲。非理性主义是现代西方哲学最明显的标志，开始于叔本华。叔本华强调理性的生物学功能，它不是像近代西方哲学家所讴歌的那样崇高而功能无限，它只是人类认识世界和改造世界的工具之一而已。理性的局限性很大，它使我们有所得的同时更让我们有所失，而且如果不加以警惕的话往往会得不偿失。正如叔本华所说，理性往往使我们失去知觉的敏感，理性的概念常常与具体事物脱节。“直观永远是概念可近而不可及的极限。”[①]“在生活上，一个迂夫子尽管满腹格言、规范，几乎总是有所短而现为不聪明、索然寡味、没有用处。在艺术上，概念本没有什么生产性，迂夫子也只能生出没有生命的，僵硬的，装扮起来的死婴。甚至在伦理方面，行为如何高尚，如何正义的打

① 叔本华：《作为意志和表象的世界》中译本，商务印书馆，1982年，第98页。

算也不能到处按抽象规范行事；……”[①] 有趣的是，叔本华在现实生活中正是这样对待他的哲学的。他依仗丰厚的遗产而生活，对于学院派及其哲学不屑一顾，举止不拘小节甚至可以说是放荡不羁，而且从根本上看他本身就是一个沦陷于资本主义社会的欲望至上主义者。“在新的社会制度里，欲望以普遍的占有性的个人主义形式出现，它是公开的秩序，是统治性的意识形态和占主导地位的社会实践；这更是因为欲望在社会制度中为人们意识到的无限性，在此社会制度中，积累的唯一目的是为了进行新的积累。由于目的论的创伤性瓦解，欲望开始独立于特殊的目的，或至少与之不相称；一旦欲望……不再是有目的的，欲望便会可怕的开始强迫自己成为物自体，成为毫无目的或理性的、模糊的、不可测度的、自我推进的力量……[②]”[③] 我是儒家学说的坚定信仰者，不可能有那么强烈的非理性主义色彩，但是也主张要时刻保持对理性的警惕，任何时候都不要夸大理性的作用。理和人、物、事一样，都是我们在世要遭遇的东西，它有时候显得抽象而崇高，有时候显得具体而卑微，有时候会因其繁多杂乱而被嫌弃，有时候会因某个领导人的提倡而风靡一时，等等，视不同情境而定。

5.2 “亲缘”之所以存在而且能够发挥作用，在于乾坤并建之

---

① 叔本华《作为意志和表象的世界》中译本，商务印书馆，1982 年，第 102 页。

② 特里·伊格尔顿《美学意识形态》中译本，广西师范大学出版社，1997 年，第 148 页。转引自张汝伦《现代西方哲学纲要》，上海人民出版社，2016 年，第 41 页。

③ 叔本华《作为意志和表象的世界》中译本，商务印书馆，1982 年，第 443 页。

“理”。乾坤并建是一切事物生生不息之根源，而我们在这里用于阐明亲缘格局的构筑和提升之动力源泉。

5.2.1　乾坤并建的思想来源于易学①。我们可以参照邵雍、李之才和朱子的做法，以乾坤为基本正伏卦，乾和坤一爻变（五爻变）、二爻变（四爻变）、三爻变之后导致三十二对正伏（或称反对、幽明）象的卦，从而实现对六十四卦的重新排序。新的序列最大的好处是简明实用，体现简易、不易和适时变易的思想，而且更有利于说明乾坤并建、姤复同体、临遁适时、既济未济（含否极泰来、咸损各正、恒益相随）等新的易学思想体系。

5.2.2　天行健，君子以自强不息。乾代表男性刚健的冲劲，代表向上、向前、向善的创造力。

5.2.3　地势坤，君子以厚德载物。坤代表女性阴柔的关怀，代

① 古老的易学思维在福柯的哲学那里也许可以得到新的阐明：“事物的性质，它们的共存，它们借以联系在一起和交流的方式只是它们的相似性。这个相似性只有在从这个世界的一头贯穿到另一头的符号网络中才是看得见的。”“适合（convenientia）、仿效（aemulatio）、类推（analogie）和交感（sympathie）告诉我们，世界必须如何反省自身、复制自身、反映自身或与自身连贯，以使物能彼此相似。”“诸相似性的空间变得像一大本打开着的书；它充满了笔迹；每一页都充满着相互交错并在某些地方重复的奇异的图形。我们要做的只是辩读它们……”福柯：《词与物：人文科学的考古学》中文修订译本，上海三联书店，2016 年，第 P18—32 页。在福柯命名为“知识考古学”的方法推论下，世间万物在周易六十四卦中也许可以找到他们的“相似性”，而依据周易六十四卦推演世间万事运行的做法也许不能称之为“迷信”或斥之为“简陋”。易学思维就是具体的抽象思维，它要求在合适的时刻寻找合适的情境，从而展开对此时此地此人所遭遇的具体的人、物、事、理的吸纳和思考。易学从来不是离开“人”的，天、地、人三才始终在一起。福柯说西方只是从 19 世纪以后才发现了“人”，仅仅由这一点来看的话，中国的易学和儒家的“仁”学实在是超越西方太久远了。

表在特定的范围内达致厚重的展延力。

5.2.4　一阴一阳之谓道，易以道阴阳，乾坤并建就是易的本质。

5.3　乾坤并建之“理”被中国道家用于实践，形成为生命财富积累之重要一环。在道家那里，乾坤并建并没有明确地说出来，他们所用的就是“一阴一阳之谓道”，就是太极图中的阴阳鱼，而且他们做的比说的要多。道家唯一重视的就是生命财富的积累，而且他们积累生命财富的实践完全是个体体验式的。东汉魏伯阳所著的《周易参同契》就是这种体验式实践的精华聚集。“黄中渐通理（腠理），润泽达肌肤。初正则终修，干立末可持。一者掩以蔽，世人莫知之。”“乾坤刚柔，配合相包。阳禀阴受，雄雌相须。须以造化，精气乃舒。”“坎男为月，离女为日。日以施德，月以舒光。月受日化，体不亏伤。阳失其契，阴侵其明。晦朔薄蚀，掩冒相倾。阳消其形，阴凌灾生。男女相须，含吐以滋。雌雄错杂，以类相求。”魏伯阳含糊地描绘了阴阳互补的精美图画，他并不明确说出修炼的方法和途径，可能是出于道家的隐秘本质（所谓“天机不可泄露”），当然也可能确实是没法明确说出的，因为完全是个体体验的东西是无法明确说出的。但不管怎样，古往今来的无数道家实践者确实有不少成功的，道家关于生命财富的理论和实践值得我们后人去深入探讨和挖掘。我有一种预感，未来乾坤并建之“理”最大的闪光点也许就在生命财富的积累中。

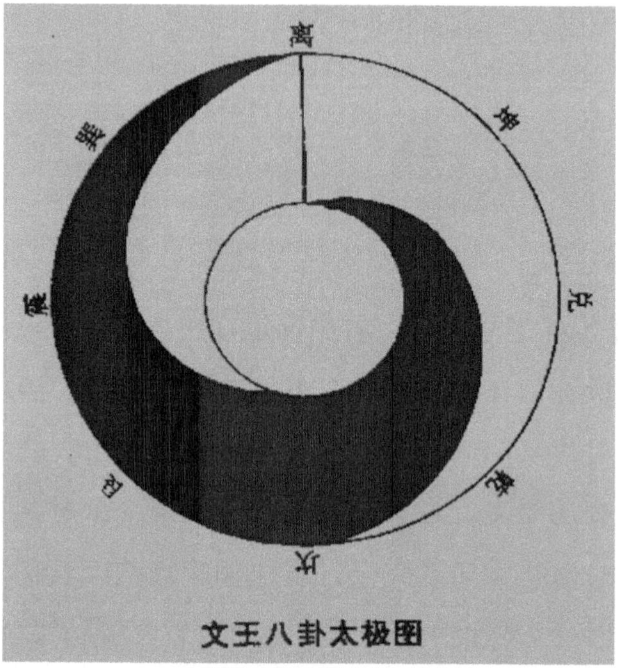

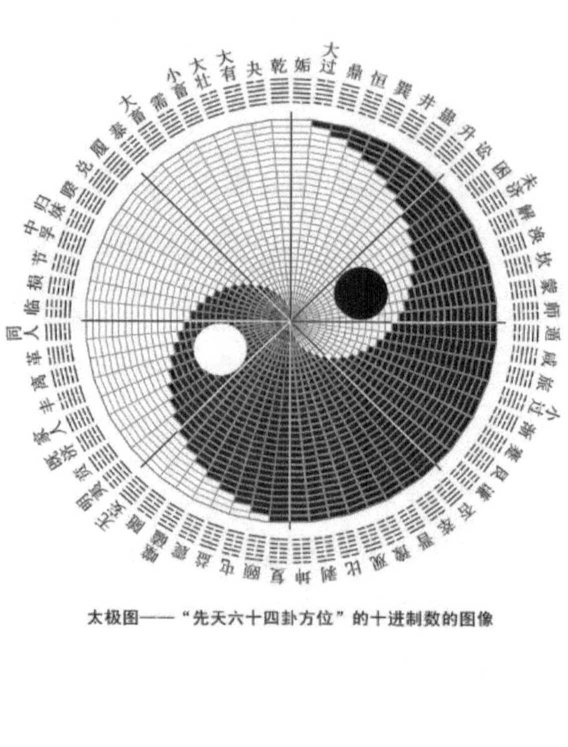

太极图——“先天六十四卦方位”的十进制数的图像

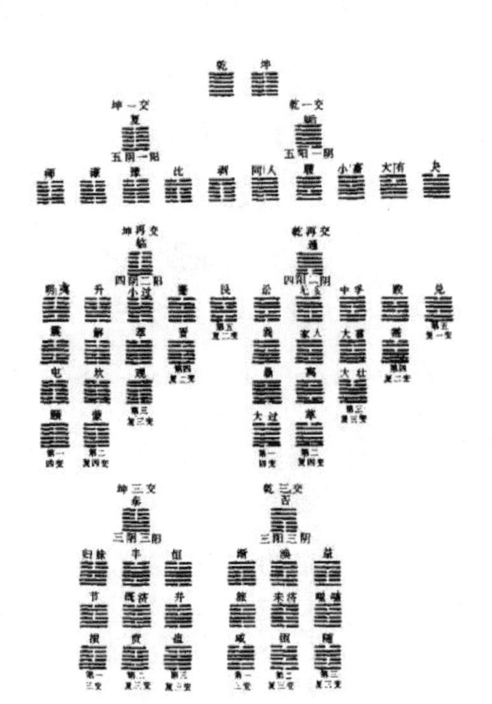

六十四卦相生图

5.4 亲缘格局论建立在对西方思想文化的再反思和重构的基础之上，因此对于“理”赋予了浓郁的中国文化色彩。其一，现象学的还原是有史以来最为激烈的“反传统”，是真正的可操作的重估一切价值。它要对一切现成的思维模式和科学“真理”都悬置起来，从而得到原初视域中才能得以显现的“先验自我”，然后再在这个“先验自我”之上来重构对于意向对象的认识。终极性的还原思维确实是革命性的，但是有一个难题是现象学家们难以突破的，那就是原初的思维框架从哪里来的，终极性的还原是否真的能够实现？其二，现象学的主客一体化思维成为二十世纪以后哲学思想的主流，唯物唯心之分早就已经成为思想史上的遗迹，但是“先验自我”的神秘主义残留使人们对于唯物唯心的争论又沉渣泛起，西方哲学传统的实体论倾向限制了现象学再向新的高度冲击。其三，海德格尔、萨特等人从存在与时间、存在与虚无的角度把现象学向探索人生价值的方向引导，无疑揭开了西方哲学史上的新篇章，但是海德格尔和萨特最后得出的结论都只能是消极的，或者说是悲观色彩极为浓厚的，因为西方文化的底色被基督教传承千年的教义涂染成了这样的悲观色彩。其四，一些西方学者的经济思想对公平正义、财富均等化的向往传承的仍然是基督教的教义，但是西方工业化和商业化社会所产生的经济金融理论和制度从根本上来说是与这样的教义格格不入的，西方社会已经深深陷入自己制造的财富漩涡中难以自拔，而且随着全球化的展开使全世界的经济体都深受其害。

综上可知，亲缘格局论的奠基有赖于哲学思想的新高度的建立。其一，现象学还原的操作思路可以延续，我们要努力对亲缘格局中各个阶段的人、物、事、理进行不断还原和重构。其二，海德格尔“向死而生”的决绝勇气是现时代人最为缺乏的，人们喜欢安稳地处在物质丰富、网络信息资料发达的安乐窝中。不能领悟到面临死亡的“畏”，亲缘格局的高度就上不去。其三，亲缘格局的“理”必然是中国文化中易学乾坤并建思想和儒家理一分殊思想这两大核心所主导的思想内涵，但是我们所要发掘的是智能时代这些思想内涵所能够达到的新的界限。其四，亲缘格局论不是认识论，也不是本体论，我们希望它更多地体现为思想欲求的描述、思想高度的攀爬和思想深度的掘进，但是它需要得到哲学史上相关哲学思想的滋养，入得其中而又要出得其外，这是最难的，然后又必须努力做到的。

5.5 “理”与人、物、事的相互蕴含关系使我们把它们都置于一个平面上来考察是有困难的，要把握关键的一点，亲缘格局论注重的乾坤并建之“理”与以往灌输给我们的各种理没有相互蕴含关系。那些理如果为我们所遭遇，也是和我们所遭遇的人、物、事一样，或者说就是那些人、物、事之一部分，而不是乾坤并建立“理”（这有点像庄子所说的“六合之外，圣人存而不论”）。真正管用的“理”必须包含着来自“我”的自身体会，也就是说，对上一阶的亲缘格局来说，“我”所遭遇的是人、物、事（理）再加上自家体认的“理”。后面还要谈到，理可二分，人、物、事（理）之理是规范之理，自家体认出来的“理”是自得之理。

5.5.1　最大熵原理指出，当我们需要对一个随机事件的概率分布进行预测时，我们的预测应当满足全部已知的条件，而对未知的情况不要做任何主观假设（不做主观假设这点很重要，用在亲缘格局论上，意思就是以往的任何理都是人、物、事之一部分，而自家体认出现的“理”是在随机事件发生之后体认出来的，不是这里所说的“主观假设”）。在这种情况下，保留所有的存在不确定性的人、物、事（理），概率分布最均匀，预测的风险最小。因为这时概率分布的信息熵最大，所以人们称这种模型叫“ 最大熵模型”。

最大熵原理推翻了工业革命以来的“大胆假设、小心求证”的方法论，因为它要求不在求证过程中引入主观假设，按亲缘格局论的说法就是，不把以往的任何理当“理”。当然，不做主观假设的前提是取得了足够多的数据，否则最大熵模型只能给出一些平均值而已，而不能对任何细节进行描述和预测。在智能时代，我们有可能直接从大量的数据中得到想要的某个方面的答案（即发现了某种强的相关性），而不需要知道其中的因果性，这为我们不把以往的任何理当“理”创造了条件[①]。因为相关性和因果性不同，它们只是人、物、事之间的关系，再强的相关性也不是理，所以在某一阶亲缘格局中，人、物、事、理简化成了人、物、事（理）。自家体认出来的“理”有时有，有时则不一定有，如果有，则为亲缘格局提升到更高的阶做了准备。

这里出现了一个悖论，如果不把以往的任何理当“理”，而自家体认的“理”又并不是总能体认出来的，那么注重行为效果的智能时代虽然看起来创造性十足，是不是会出现乾坤并建难于实现的现象，越来越缺“理”了呢？的确是这样，互联网的知识趋同化确实带来了新的问题，浅阅读盛行，个体深层次思维的机会在不知不觉间受到了压制，如果个体没有充分的自觉，往往会满足于浅层知识的汲取而导致创造性劳动的质量大打折扣，也就是人们常说的“伪精英”在世面上流行，对极少数真正有高度创造性思维的个体造成了被群体压制的局面。这种充满悖论的局面估计会长期持续，直到“物质极大丰富的共产主义社会”真的到来，人人都有足够的休闲时间来发挥自己的创造性，自家体认的“理”才会逐渐多起来，乾坤并建从此迈入坦途。

---

① “Google 的广告系统每次播放什么广告，不是由任何规则决定的，而完全是利用数据、挖掘相关性的结果。……作为数据公司，它们在做事情的方法上有着和传统工业公司不同的思维方式。相对来说这些公司很少花大量的时间和资源来寻找确定的因果关系，而是通过从大量数据中挖掘相关性，直接用于产品，因此它们给外界的感觉是产品更新非常快。”吴军《智能时代》，中信出版社，2016 年，第 140 页。

5.6　个体亲缘格局虽然各不相同，但是乾坤并建之“理”使其本质上具有正直的取向[①]，这是儒家一以贯之的理论和实践之精华，是个体亲缘格局屹立不倒并能不断提升的前提，也是在艰难困苦中始终能赋予自身存在意义并展示无限可能性的根本。正是由于这种正直的取向对于此在具有无比重要的价值，所以应摒弃对于自己明知道不符合自身亲缘格局的事物的相拥，而要着力于符合自身亲缘格局的相拥而不动摇，也就是所谓的“有缘来相识，无缘不入心”。不然，谄媚和怯懦之气将会不断损害正直取向的根基，从而使此在失去不断向上的力量，沉沦于日常生活中，成为与“常人”（海德格尔所言）无别的一般性存在。

① 孟子所言“我善养吾浩然之气”，浩然之气是乾坤并建之“理”的承载者，同时又是乾坤并建之“理”的滋养者。这里如道家生命财富培育之道一样，有几分神秘主义色彩，但又是古人真诚去实践的。

六

“理一分殊”的后现代说明

6. 从亲缘格局论的视角看，“理一分殊”的“理一”本体论说明是无意义的，叫它“天理”也好，叫它“道”也好，都只是一个抽象的名词，其实并没有那样一种东西的存在。天地万物之理都来自于人们头脑中的抽象，即对于人、物、事及其相互关系的理解，无论是一般的理还是特殊的理，都是在一定情境之下、一定范围之内的理[①]，而不存在“总合天地万物之理”。这就是我对朱子的老师李侗所说的“理不患其不一，所难者分殊耳”[②]的理解。从古代到近代，中、西方哲学家对“天理”“道”“绝对精神”之类唯一之理情

① 维特根斯坦说可以为特定的目的划一条边界，而在我看来，划出一定的“边界”就是为了说明某种“理”。

② 朱子《李延平先生答问后录》。

有独钟，说到底都是对分殊之理的散乱状态感到不安[①]，本体论的思维一直占据着哲学的主流，直到海德格尔、维特根斯坦才把这个问题解决了。海德格尔有一本书就叫《同一与差异》，维特根斯坦讲“家族相似”，都是要解决个体的同一性和差异性问题。

结合海德格尔、维特根斯坦和我关于亲缘格局的说法就是，人在生命过程中可能遭遇到各种“家族相似”的人、物、事、理，对于家族相似的东西（以及规则），我们都要抱着宽容或同情的心理去理解，而不能像以往的哲学家那样硬把它们纠结到“一理”或“理一”之中。强行整齐划一，就会导致“什么都对，又什么都不对”的尴尬局面。事实上，在生命过程中留心人、物、事、理，并把它们中与“我”有缘者纳入亲缘格局之中，则生命过程本身就是在“做”哲学，每一个体都有可能成为哲学家。本体论在此被消解了，消解在每一个体的生命历程之中。

处于当前高度发达的现代信息社会中，我们要进一步认识到，分殊之理也不是那么难于得到，现在困难的是自己对于大千世界中千万种理的理解，将它们强行并入一个“天理”没有意义，但是千万种理太多太杂，任何人都不可能穷尽这么多的理，即使穷尽了，也可能让自己无所适从、茫然无绪。于是，最要紧的是，是否能够将某些理内化于心、外化于形，理解通透并应用自如。所以，在我看来，“规范之理”和“自得之理”的二分还是重要的。所谓“规范之理”即通常被认为的“理一”之组成部分，就是已经被普遍

① 也许他们以为，如果人人都有自己的道、理在，那么要哲学家来做什么呢？

认识或者被一些特定的人群所接受的那些理，而“自得之理”，就是自己在特定的情境之下、特定的范围内对于某些人、物、事的理解，并不一定要求新求异之理，也并不要求穷尽天地万物之理，但一定是自己理解通透并应用自如的。从乾坤并建的观点看，自得之理是乾道（个体创造性），是富于创造性的，是自己提升亲缘格局的根本动力；规范之理是坤道（共通性），每个人首先是借助前人或他人对这个世界人、物、事、理的理解来理解这个世界，这就是规范之理的作用。当然，二分是相对的，它们之间有互相包容之处可以随时相互转化。类似的，我们可以将所遭遇的人、物、事也做二分，如亲熟之人与疏离之人、有感之物与无感之物、实在之事与虚拟之事等。

6.1　自得之理与规范之理可能存在的各种关系：第一，自得之理是对规范之理的肯定①。因为规范之理有利于自己的某个目标的实现，于是有了对规范之理的某种肯定。第二，自得之理是对规范之理的超越。因为规范之理只是代表对过去人、物、事、理的规范，总是要被超越的，但这种超越不是人人都能做到的，有时确实需要“我”所具有的某种特殊素质，或者突然出现的奇思妙想。第三，

① 孟子十分强调自得，他说：“君子深造之以道，欲其自得之也。自得之，则居之安；居之安，则资之深；资之深，则取之左右逢其原。”（《孟子·离娄下》）大意是说，君子的道（理）是自己深造之后得到的，这样就有了深厚的可凭借之资，而随时都可以从本原汲取到活力了。本书中强调自得之理，深层意思如孟子所言，但是也不是刻意要求每个人都有那么多的“自得之理”，创造性毕竟不是人人可为、时时可为的事，对于多数时候、多数人而言，按照某种“规范之理”去做，也是一种自得，也可以居之安、资之深。

自得之理是对规范之理的复活或者叫再现。因为规范之理一般是出现在某种文本或者记录在历史中，就其本身来说已经固化了。为了避免其僵化过时，需要有人不断地对它进行新的诠释，从而实现对它的复活或再现。第四，自得之理不一定要以相应的规范之理为基础。这在企业家那里表现得最明显，很多不学经济学、管理学的企业家反而更加显现出当老板的天分，他们对人、物、事、理的体察在某些方面的深刻是异于常人的，但这并不意味着他们的行事为人就“不讲理”，只是他们的自得之理来源不同：肯定也有之前的某种规范之理的影响，但却不一定是和自得之理“相应”的那种规范之理。

6.1.1 当规范之理出现在某种文本或者记录在历史中，无论它过去做出过多么轰轰烈烈的壮举，它都已经固化了。对于“我”的亲缘格局而言，它变成了“我”所遭遇的一种事，即“我”和那种规范之理的接触这一事。假如“我”所遭遇的人、物、事、理中没有自得之理，那么就成了人、物、事（理），那些理没有了鲜活的东西，亲缘格局的提升是很成问题的。如实用主义的创始人之一皮尔士所说：“对于外界事物，对于外界事物之间的因果相互关系，对于外界事物体现出来的因果潜能，我们都有直接的经验：经验在许多方面是‘有理论负荷的’。”[①] 在我看来，经验的“理论负荷”不是天然具有的，而是要有自得之理支撑的。浑浑噩噩的人很难体会出

① 托马斯·鲍德温：《剑桥哲学史1870—1945》中译本，中国社会科学出版社，2011年，第83页。

自得之理，但不是没有这种潜能，关键是在某种特定的情况下成为有心人。

6.1.2 朱子《太极图说》可以作为亲缘格局的最早解说。无极而太极，这一说法十分精到，“无极”与“太极”呈现给某一个体时是一而二、二而一的关系，这可以用一个球体在平面上的正投影来形象地说明。人生在世，就像生活在一个不断扩展的混沌球体之中，这一球体里充满着“我”所面对的不断改变着的人、物、事、理。而在某一段时间里的相对稳定的亲缘格局，则如同这一球体在某一个平面上的正投影。之所以形容它为投影，是因为人的心里要对它进行认识，与“我”有缘的人、物、事、理才以“投影”的形式存在，而它实际的存在仍然是在那个不断扩展的混沌球体之中。

《太极图说》讲的不是宇宙论，也不是认识论，而是中华民族思维特征的立足于“天人合一”之人生哲理的解说。太极图中的“阴阳鱼”，那些所谓“阴”“阳”之气即亲缘格局中人、物、事（以及规范之理）之显现与隐蔽着的存在，而“阴阳鱼”的“眼睛”，则可以理解为亲缘格局中“自得之理”的存在。不管是人、物、事是显现着的存在还是隐蔽着的存在，它们的“理”是一致而贯通的，这是亲缘格局得以构筑和提升的前提。

朱子讲“人人有一太极，物物有一太极”，这是从大面说的，世间万物之中都有理的存在，但是人的“太极”毕竟和物的“太极”有很大的不同。在我看来，“我”能不断地体会出自得之理，这是人之为人的根本。如《太极图说》所言：“此言众人具动静之理，而常失之于动也。盖人物之生，莫不有太极之道焉。然阴阳五行，气质交运，而人之所禀独得其秀，故其心为最灵，而有以不失其性之全，所谓天地之心，而人之极也。”人心为最灵，所以具备亲缘格局提升之无限潜能。个体亲缘格局之构成、个体与个体间的亲缘格局之关系，可以从朱子以上的论述中得到启示。本质上的共通关系是存在的，就是阴阳动静，而且各具太极之理。

人人有一太极，物物有一太极，笼统地说是对的，但是每人体会的太极并不一样，各种物的太极也不相同，这是形而上学者所不关注的。王阳明年轻时候格竹子格得生病了，从而体会到格物致知的不可能，就是因为古人讲的“道”太笼统了，从具体的人、物、事、理是上溯不到那种所谓“道”的本源的。每个具体的个人是体会“道”的主体，每个个体体会出来的“道”(理)肯定不一样，因为个体的亲缘格局是不可能完全同一的。朱子实际上考虑到了个体的差异性，所以他特别强调格物致知，但是没有明确地讲出来。他讲“理一分殊”还是更强调“理一”，而“分殊”只是如月印万川，月亮总归是同一个月亮。我在此书中明确规范之理与自得之理的区分，就是要强调“理一”(就若干规范之理之作为一个整体而言)的同时也强调“分殊”(就个体自得之理而言)，没有“分殊”就没有“理一”，没有“分殊”的“理一”毫无意义。“分殊”和“理一”共同造就了个体亲缘格局的同一性和差异性。

6.1.2.1　朱子《太极图说》论阴阳与五行的解读。接续前面的解说。无极而太极，太极显现于（人、物、事、理）动静之中，“自男女而观之，则男女各一其性，而男女一太极也；自万物而观之，则万物各一其性，而万物一太极也。盖合而言之，万物统体一太极也；分而言之，一物各具一太极也。”这些说法非常生动地体现了亲缘格局之于人世间无所不在。

太极显现于（人、物、事、理）动静之中，“太极动而生阳，动极而静，静而生阴。静极复动。一动一静，互为其根；分阴分阳，两仪立焉。太极之有动静，是天命之流行也，所谓‘一阴一阳之谓道’。”动静不能理解为（人、物、事、理）实体现象的之运动与静止，而是指它们之被人所认识的显现与隐蔽着的存在。不管是动还是静，都是人心所指向的意象之描绘，而不是实体现象之描绘。

“太极，形而上之道也；阴阳，形而下之器也。是以自其著者而观之，则动静不同时，阴阳不同位，而太极无不在焉。自其微者而观之，则冲漠无朕，而动静阴阳之理，已悉具于其中矣。”如果按宇宙论的观点来理解这段话，很容易得出朱子“理”生“气”之说是唯心主义的说法，但是这些西方哲学名词的解释引来的是逻辑上的不自洽，因为朱子说得很明白，从其“著者”“微者”看起来是完全不一样的，难道朱子一会是唯心，一会又是唯物吗？在我看来，太极和阴阳的关系不能从宇宙论来解释，太极的动静就是阴阳，所谓形而上、形而下的分别不是精神与物质的分别，而只是幽明之分别。太极不是理，而是“宙合”（无极）的投影，它们都是人、物、事、理的聚合体，表现在人类就是个体亲缘格局及其总和。

“阳变阴合，而生水、火、木、金、土。五气顺布，四时行焉。”这一说法令人费解，好像真的是在讲宇宙论的道理。水、火、木、金、土这些是实体现象？是实体现象之关系概括？还是实体之特征的描述？自古以来，中国的“五行”学说讲的就不是实体现象，而是构成实体现象的诸要素之特征以及它们相生相克的运化关系，诸要素的相生相克保证了具体实体现象的动态平衡，以最终保证整个实体世界的动态平衡。也就是说，中国古人是借助水、火、木、金、土作事物特征之描述以及相生相克关系之比喻，而不是真的指向实体现象本身。叫水、火、木、金、土可以，叫哆、来、咪、发、索也未尝不可，而且不一定是五项，可能是三四项，也可能是七八项甚至更多。既然是特征和相生相克的关系，那就意味着它们是人的意识的产物，是会随着人的亲缘格局的改变而不断改变的。古人认为，构成宇宙间万事万物的诸要素相生相克，不断地变换呈现和隐蔽着的存在，于是才有了“五气顺布，四时行焉”。这些要素有一个统称就是“气”或者“质”，“是人物之始，以气化而生者也。气聚成形，则形交气感，遂以形化，而人物生生，变化无穷矣。”至于这些要素到底每一项具体是什么，细分的要素没有人去认真研究，就像中医对药理的认识一样，他们要知道的是某种药的性温性寒以及它们和其他药煮在一起时的最终效果，而不关心某种药的具体成分（这些是近代西方科学的研究范畴）。

当然，在朱子的论述中，和其他古人一样，他们对阴阳和五行的认识并不能坚持关系论，有时又夹杂着实体论，从而出现“然五行者，质具于地，而气行于天者也。以质而语其生之序，则曰水、火、木、金、土，而水、木，阳也，火、金，阴也。以气而语其行之序，则曰木、火、土、金、水，而木、火，阳也，金、水，阴也。又统而言之，则气阳而质阴也；又错而言之，则动阳而静阴也。盖五行之变，至于不可穷，然无适而非阴阳之道”这样的论述。实体和关系相混杂，造成了逻辑上的不自洽。

“五行”不是实体现象本身的描述，而是人、物、事、理之特征和相生相克关系的描述，它们随着人的亲缘格局的改变而不断改变。这种说法的根源在于我和朱子的亲缘格局已经根本不同。我已经处在“去中心化”的网络时代，当然不会认同“土”的中心地位，这也就意味着“河图”“洛书”那种以“土”（数字5）为中心来看世界的思维必须要改变了。这种思维的改变是亲缘格局论的认识论基础，在这种认识论的指导下，以阴阳来配“五行”，以“五行”来配“八卦”的说法就显得十分牵强了。因此，在我的亲缘格局论里，阴阳还存在，“五行”就不是必要的了。

而且，说到极端处，万事万物之特征或相生相克的关系，如果不是纳入到“我”的亲缘格局中，与“我”是无关的。也就是说，“五行”如果还存在的话，它在我的亲缘格局里是我的“五行”，它在别人的亲缘格局里是别的的“五行”，我的“五行”和别人的“五行”可能是完全不同的。所以，如果还要以太极图来说明亲缘格局论，“五行”应换成人、物、事、理。也就是

说，太极图在我们这里成了如下这个样子[①]：（见亲缘格局的提升图）

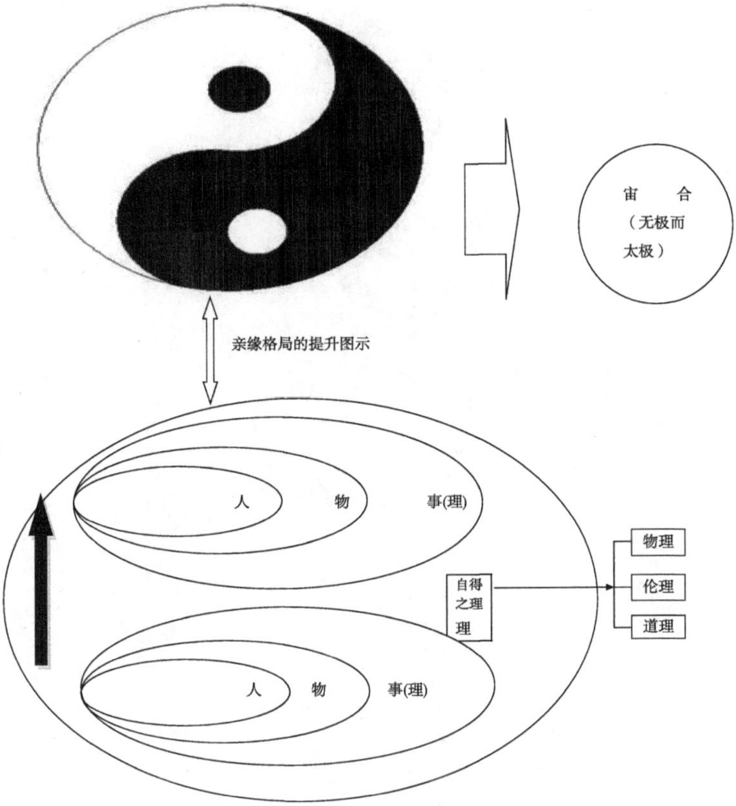

亲缘格局的提升图

① 关于《太极图》，说得详细了又得做一番考证，但是本书只得从略而言。朱子对《周易参同契》情有独钟，我觉得太极图确实也应该从道家养生角度来理解，可能会更加到位一些。如下图，一般人是至上而下来看这个图的，但是道家的说法是小宇宙（“小周天”）通达大宇宙（“大周天”），似乎应该从下往上看这个图更好理解，也即，世间万物都收纳进自己的身心，经过一番历练功夫，可以到达“无极而太极”的境界，如此周而复始，也许就可以炼得一身“仙风道骨”了。现如今，我们的亲缘格局“功夫”，也得从下往上看，世间万事万物皆备于“我”，人、物、事、理都融会于“我”的身心，加上对“乾坤并建”和“理一分殊”的运用，就可以使亲缘格局再上一层楼，如此周而复始，直到人生的尽头处。当然，“无极而太极”的境界不是每个人都能完全达到，但是每个人都会争取其中的一部分，进而使自己的亲缘格局与他人相通，在“宙合”中占一席地位。请读者诸君细细品味这两个图，可有所得。

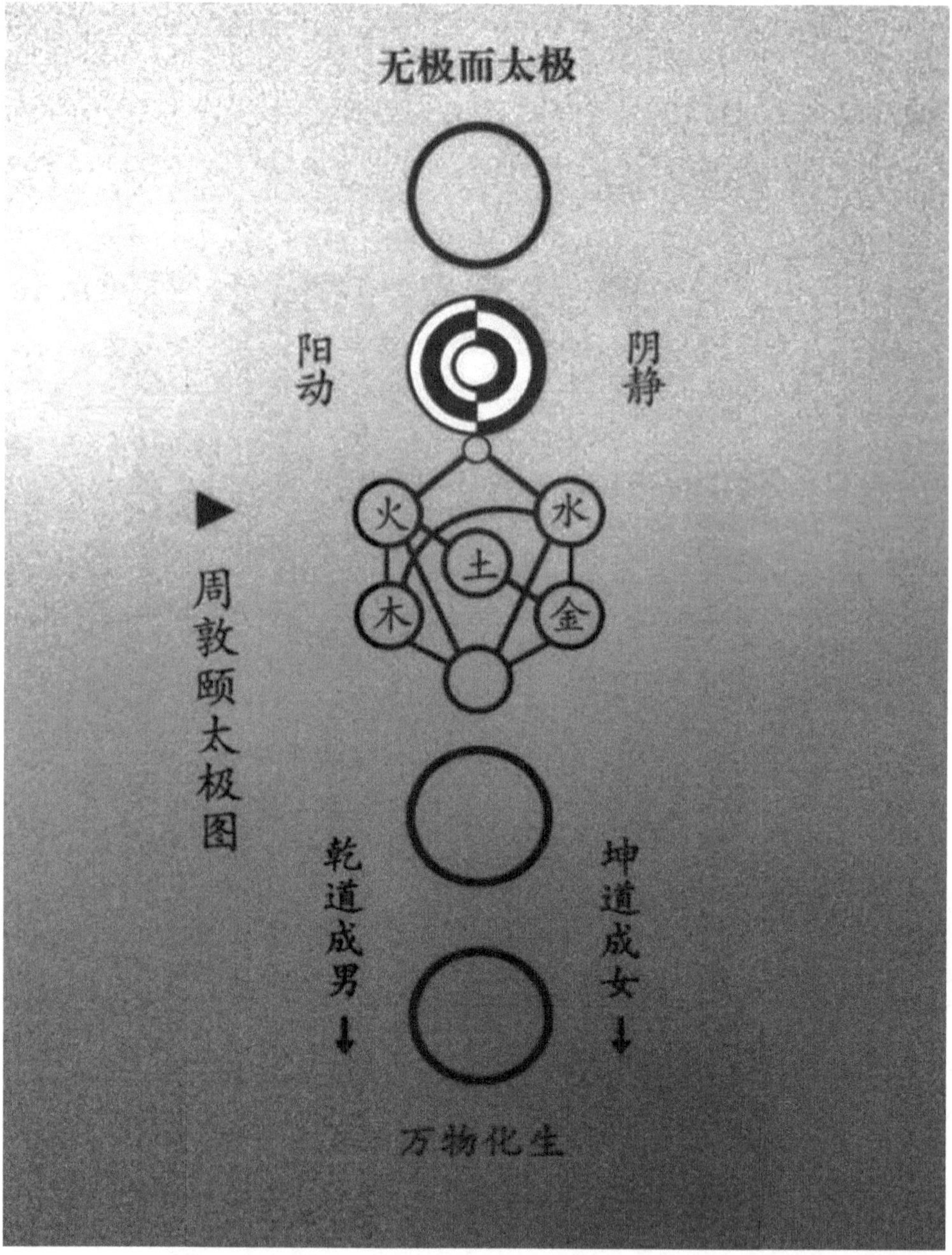

周敦颐太极图

6.2 亲熟之人与疏离之人在农耕社会是分得极清楚的。费孝通在《乡土中国》中讲的“差序格局”就是典型的描述，亲熟与疏离是以血缘关系的远近来分别的，以自己及血亲为同心圆的圆心，一波一波地扩散开去。这个同心圆还可以上溯若干代，每个宗族都有族谱为依据。我们客家人最重族谱记载，这是客家文化得以传承千年的一个重要载体。随着同心圆的不断扩大，客家人之间总是能找到各种各样的亲戚关系（如湖南人亲切地称江西人为“老表”[①]），甚至可以说天下客家是一家亲。而到了现代社会，特别是互联网发达的今天，人们的亲熟和疏离的分别就复杂多了，一般以联系的密切程度来划分，一个从未谋面的网友甚至成为最亲近的人，一桩生意做下来可以让两个陌生人开始称兄道弟，等等。作为亲缘格局的倡导者，我不排斥各种各样的“亲缘”链接，但还是一直感念孔子所说的“有朋自远方来，不亦乐乎”，强调朋友之间的心灵沟通。其次是血缘关系的不可分离，正所谓“打断骨头连着筋”，血缘亲情、孝悌忠信才是中国人的根。

关于宗族和血缘亲情的问题，不可避免地要涉及儒家特别强调的政治和道德教化之密切关系。子曰：“为政以德，譬如北辰，居其所而众星共之。” 政者正也，君王如果能够正己、正名、正德，就成了北极星一样的处在正位，天下诸王及臣子自然就像群星环绕。这是孔子对周初政治的观察，也是他理想中的政治状态。可是后来

① “老表”的原意是姑舅的子女，泛指同辈之间的称呼，如现代人爱称年龄相当的人“兄弟”一样。

的事实却发生了深刻的变化，孔子认为这种变化是礼崩乐坏，而且难以修复，只好以回忆过去的美好来表达无可奈何之情绪。可是历代儒家并不理解孔子的原意，仍然把以德治国奉为圭臬，这不能不说是思维上的懒惰。前面提到，政治家和普通百姓的亲缘格局有着很大的不同，而且每朝每代政治家的亲缘格局也有很大的不同。即使周初所谓的“德”治天下是真的，那也是昙花一现，不能因循守旧[①]。

那么，儒家提倡的道德是不是就对政治毫无用处呢？当然不是，虽然政治家和普通百姓的亲缘格局不同，每朝每代的政治家的亲缘格局也有很大的不同，但是作为此在的人是有穿越时空的共通性的。我、你、他以及我们的先辈都是此在，都是有灵魂的存在者：灵魂绵延不绝、超越时空是“宙合”最本质的属性，是道德在人类社会中无形而起作用的最根本的基础，也是“和而不同”之所以恒久有效的基础。以往的哲学家和伦理学家把某一个时期的社会关系和统治阶级意识形态等作为道德的基础，这当然也是不错的，但这仅仅局限于某一个时期的特殊性，而没有考虑到道德超越时空的共通性。因此，道德教化对于培养人的羞耻感和自豪感，对于规范人与人之间的关系和行为始终是有用的，而且很多已经形成的道德观念和礼数在历久弥新，它们固化在每一个体的亲缘格局中，不会因为社会结构和环境的变化而发生根本性的变化。这也就使得，政治家的道德和人格魅力会引起普通百姓的强烈共鸣，在特定的时期可能会取到比武器更大的作用。但是不管怎样，都不能以“众星

① 李峰：《西周的灭亡》，上海古籍出版社，2016 年增订本，第 126 页。

拱之”这样的理想来说明现实政治中的道德至上作用。说到底，人类社会中各个人群之间存在着利益和情欲等多方面的冲突，它们虽然比道德层次浅，但是却在很大程度上、经常性地左右着“常人”的选择。

6.3 有感之物与无感之物的分别其实古今中外都是一样的。所谓有感无感，是指物对于“我”是否称心如意，有一定的价值体现：第一，如海德格尔所说它是否“上手之物”，是不是能够不假思索就加以利用的，如厨房；第二，它是否给“我”以某种念想，也就是它是否关联着和“我”有感情链接的某人某事，如情书；第三，它是否能激发“我”的想象力，让“我”能够神游天地间，产生愉悦、怜悯、感叹等情感，如张家界的美景；第四，它是否能直接和“我”有感情交流，如家里的狗。有感之物对于个体亲缘格局的塑造能力有时是巨大的，原始儒家一直强调生生不息之谓仁，在很大程度上是对于自然之物的“有感”。孔子在与诸弟子讨论人生理想的著名案例中发出“吾与点也”的感叹，对“暮春者，春服既成，冠者五六人，童子六七人，浴乎沂，风乎舞雩，咏而归”（《论语·先进》）的太和境界表示由衷的向往。程明道有诗云：“万物静观皆自得，四时佳兴与人同。”王阳明讲“会稽素处山水之区，深林长谷，信步皆是，寒暑晦明，无时不宜，安居饱食，尘嚣无扰，良朋四集，道蓑日新，优哉游哉，天地之间宁复有乐于是者？”[1]，等

① 王阳明《传习录·答聂文蔚》。

等，他们都是出于对有感之物（自然界）的体认，强调主客一体、天人合一的境界对于亲缘格局的塑造。“天何言哉！四时行焉，百物生焉”（《论语·阳货》），这是儒家永远不变的理想寄托之处。

6.4 实在之事与虚拟之事的分别并不容易，因为人经常以情感代替理智来对待所遭遇的这些事。面对实在之事有时会给人以痛苦，所以“我”会选择无视它的存在，把它看成了虚拟之事。而虚拟之事经常会给人以愉悦，所以“我”会选择把它当成某一时空状态下的实在之事。亲缘格局论对于人的情感尽量地尊重，主张“情得其平，是依乎天理”，但同时我们也强调人人自负其责，有得必有失，生活在虚拟状态中所产生的后果也是自己要承担的。在互联网世界里，虚拟之事更加多了，甚至成为某些人必不可少的生活空间，这都是可以理解的，这也是亲缘格局多元化的必然后果，或者说是亲缘格局更加多元化的原因。互联网世界信息满天飞，经过精心包装的某种虚拟之事有可能会产生抢跑接力的效果，从而引起众多个体的亲缘格局瞬间短路，这是值得警惕的。

6.5 值得注意的是，原始儒家的经典《诗》《书》《礼》《乐》《易》《春秋》以及《论语》《孟子》等，包含了大量的人、物、事、理的记述，特别是对于规范之理都没有做出明确的“规范”，而是通过这些活生生的记述，让学者在其中学习规范之理，并从其中体会自得之理。《论语》中有几段关于学《诗》的记述，学生从中领悟出“绘事后素”“如切如磋、如琢如磨”等，获得孔子的大加赞赏。前面谈到的孔子对曾点的赞赏也是如此。孔子讲“文质彬彬，然后君子”，强调君子既要有文采，又要踏实为人做事。《论语》通篇都在宣传君子要正确面对人、物、事、理，不断提升亲缘格局的方法和途径。孔子和他的弟子们生活、读书、娱乐的场景，始终是我们讲求亲缘格局的典范。

6.6 “理一分殊”与“宙合”的概念要结合起来理解，这在上述我对太极图的改造中可以得到说明。阴阳鱼太极图是每一个体都具备的，这就使个体与个体亲缘格局之间的共通性在乾坤并建的世界格局（“宙合”）下得以展开，规范之理与自得之理、亲熟之人与疏离之人、有感之物与无感之物、实在之事与虚拟之事都在同一世界格局下得到包容。这和佛家“一花一世界，一叶一如来”也有部分吻合之处。叔本华有类似的说法。叔本华说：“每人自己就是这全世界，就是小宇宙，并看到这世界的两方面都完整无遗地皆备于我。而每人这样看作自己固有的本质的东西，这东西也就囊括了整个世界的，大宇宙的本质。”①

6.6.1 亲缘格局中的血亲和祖先如果都得到了与之关联的个人的认真对待和追思，和祖宗、先人的灵魂相拥相随，“宙合”就奠定了广泛的基础。说到底，“宙合”就是亲缘格局的无限叠加、组合形成的，而普通百姓的这种最朴素的情感就是最强的黏合剂。我

---

① 叔本华：《作为意志和表象的世界》中译本，商务印书馆，1982年，第233页。

认为，“情得其平，是依乎天理”的“平”（心理、情感上的平顺）主要来自于这种灵魂的归依感。亲缘格局中的血亲和祖先是每一个人都天生要面对的，而且每一个人自己也必将成为丧礼和祭祀之礼的对象，所以儒家强调这种自古以来人们最为重视的丧礼和祭祀之礼，以最朴素的情感来规范普通百姓的道德教化。

客家先民十分重视祖述传承，记载祖先的功德，录下祖宗血脉根系，每一个姓氏都有厚厚的族谱千百年来得到传续，至今还保持着宗族的祠堂，这些都是中华民族独有的精神财富。我这里讲的亲缘格局，首先就是指的中国人的血亲和祖先格局。事实上，无论世间如何变化，这种格局在中国人的心中是永远都不会变化的，这是中国从古到今每个人特别是客家人的根，从而也构成了中华民族源远流长的最重要的根。

6.6.2　由“宙合”观念引申出来的代际传承，对于中产者具有极端重要的意义。中产者是拥有一定的家庭和个人资产、解决了基本生存需要的人群，他们考虑问题的着眼点是其资产的可持续性、增殖性以及代际传承，另外还有一定的受教育水平和精神追求。中产者的理想是“三代培养一个贵族”，他们为了后代提升社会地位而不遗余力，而一般意义上的“中间阶层”很多人并不具有这样的理想。中产者的亲缘格局总是充满不确定性，虽然他们总是在不断地寻求更多的确定性。

6.6.3　通货、私财和信用在亲缘格局中的统一。个体的经济行为从来都不是仅仅和自己一个人相关的，除非他是孤岛上的鲁滨孙。因此，通货、私产和信用作为个体经济行为之所以发生的基础，是随着个体的亲缘格局动态变化而力求统一的。以亲缘格局论观点看，通货、私财和信用具有和以往经济学不同的内涵。

首先是通货，指个体为维持自己以及纳入其亲缘格局中亲友的生存和发展，可随时取用的资金及票据之总和。

其次是私财，指个体自己以及纳入其亲缘格局中亲友所拥有的资产之总和。

第三是信用，指个体自己以及纳入其亲缘格局中亲友在金融机构中取得的信用之总和。

如近代山西商人大量置办房产的行为。为什么晋商会将自己“禁锢”在太行山下、汾水河畔的一个又一个深宅大院之中？这是一个谜。“当穷困之时，他们能够超越他人，义无反顾地走西口，踏沙漠，溯江河，寻求别样的世界，创造崭新的生活。问题是他们富足了以后，不是继续开拓新的领域，寻求更新的生活，而是盖起了一个又一个的大院。五年、十年、几十年、一百年不停地修建着，使自己和子孙世世代代扎根，断守于这片黄土地。”[①]这些资产由于数量庞大，在当时的社会环境中，只有极少数商人才有足够的购买能力，而且这些商人对于购买别人家的房产也不大感兴趣，所以这些资本几乎没有流动性，更难实现资产增殖。如果只考虑自住，似乎也没必要置办那么多房间的深宅大院。那么他们只是在炫富吗？有

---

① 王明星：《山西商人走向衰败的原因分析》，百度文库。

两种解释，一是他们深知房产的抵押功能，二是他们要光宗耀祖，把自己生意上的成功给宗族及子孙分享。由于他们经历了生意场上的各种风险，他们做好了随时生意失败的打算，万一失败了，抵押房产可能就有了东山再起的本钱。在电视剧《乔家大院》中，乔致庸和孙茂才密商以老宅做抵押向达盛昌借银子的剧情，看来不是凭空虚拟出来的。当然，这样的案例即使有，也不会太多，因为近代社会环境的激烈变化，晋商翻盘的机会不多，在多重因素的猛烈打击下，晋商作为一个整体沉沦了，留给宗族及子孙的就是那些深宅大院。这就是私财、通货与信用之间的统一关系，这种关系不是静止的，而是随着时代变迁和社会发展而变动的。

6.7　我的博士论文[①]已经赋予了马克思经济理论意义上的资本运动的新内涵，即资本运动是市场经济社会的一种基本制度安排，是各相关主体出于盈利的目的，提供各自拥有的资本或资本等价物参与其中的一种运动过程。资本雇用劳动，劳动就成了资本等价物；资本购买机器或艺术品，机器或艺术品也成了资本等价物，诸如此类。在互联网经济高度发达的环境中，个体的亲缘格局将经由以其为信用评估基础的数字资产实现为资本等价物。当个体的亲缘格局成为资本运动中的主要关注对象而且由之成功地塑造出商业模式的时候，新资本运动（即宙合资本运动之道）就有了实现的可能。

我所理解的宙合资本运动是以资本运动元制度特征为基调，并融

---

① 陈玉京：《中美住房金融理论与政策：房地产资本运动的视角》，人民出版社，2009 年。

合进亲缘格局论和易象思维而产生的新的资本运动理念。我认为，个体的亲缘格局在时间和空间中的总和就是“宙合”，只有重视个体的创造和生命质量提升，资本运动才会有不竭的动力。而且，时间和空间的内涵、外延因为亲缘格局论和易象思维的拓展而变得十分广阔，人们有希望在新的时间和空间意义下来思考资本运动之道。制度还是人性？兼顾制度和人性？超越制度和人性？资本运动如何改变社会关系格局和推动社会关系格局的演化？货币形态的价值、资本资产的组合在亲缘格局论的思维指引下将发生什么样的变化？这些都是宙合资本运动之道必须要研究的。像马克思《资本论》中提出的那种资本雇佣劳动、资本家残酷压榨剩余价值的简单模式固然还存在，但很可能不是当代和未来社会资本运动的主流模式了。摩拜单车及其他类似共享单车 2016 年以来在中国各大城市成功铺开，并形成一定的商业模式，就是宙合资本运动之道的一个生动案例。

个体亲缘格局的不断提升是创造性劳动得以可能的前提，同时，当代创造性劳动的涌现也在不断丰富着中产者亲缘格局的内涵。曾几何时，技术上的发明创造和文学艺术的创造性才能是极少数人拥有的，因为绝大多数创造总是在知识积累基础上产生的，少数知识精英灵光闪现是创造性劳动出现的主要原因。而开放性网络极大地促进了知识传播，互联网的普及促使知识成了普罗大众拥有的普遍权利，正因如此，创造性劳动在最近一些年得到了快速增长，它和开放性网络的连接使中产者的亲缘格局也拓展出巨大的空间（参考下图）。

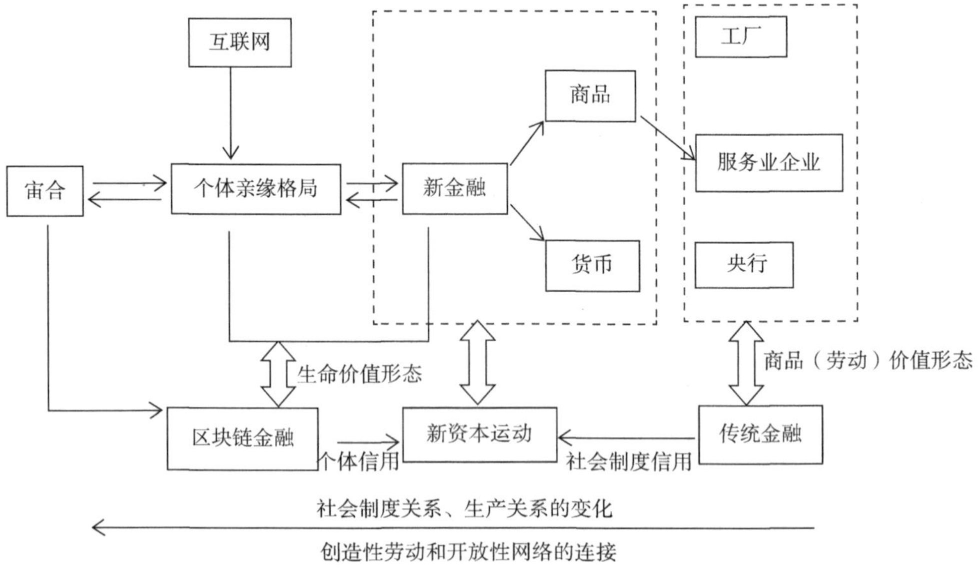

6.7.1　区块链技术有可能使我们得到一种认知现实经济和市场基本属性的新的思维方式，是有可能从根本上改变互联网金融属性的技术。区块链金融市场正处在初始发展阶段，各国金融机构、咨询机构和创投机构等正在密切注视着这一市场的培育和进展。区块链技术是金融科技深化的急先锋，在我看来，区块链技术整合的大数据和以往大数据分析有以下几点重要区别：

（1）区块链技术整合的大数据是交互生成，系统内所有经济参与方参与，而且全过程记录的数据的真实性、完整性由于区块链技术的原始特性（不可更改、可追溯）得到了保障。

（2）区块链数据可以由个体私钥掌握（可以自主择时交付、定向交付自己的信息数据），对个体贡献可以进行奖励的，经济主体在交付自己信息（即“我”所遭遇的人、物、事、理）的过程也是不断建构自己信用的过程，按我的术语来说就是亲缘格局不断提升的过程。而以往的大数据分析则是个别行业内的数据，而且往往是个体被动参与、个体隐私难以得到保障，个体贡献也得不到明确的奖励的。

（3）区块链中智能合约的实现是数据应用的高峰形态，数据向数字（信用）资产的转变必须依赖于区块链智能合约，要不然，所谓的数据分析仍然改变不了在传统金融中的附属地位，更谈不上什么金融科技对传统金融的变革和对新金融的引领。

（4）基于区块链技术有可能实现的价值互联网是革命性的，索罗斯在《金融炼金术》一书中提出的“反身性金融”有望正式登场。我们将把区块链技术在金融领域内的应用奠基于对个体（某个人或某个企业）的金融行为、金融品质和资产及信用生成过程的追踪记录，从而推动金融创新向个性化、精细化、自我管理的方式纵深发展，从而从根本上改变以往金融行业以信息不对称挣钱、粗放式经营、追逐暴利的特征。

（5）区块链金融市场的培育将导致以下变革：

• 精准描述个体金融行为，促进金融服务个性化；

• 分布式，去中介化将导致“以大欺小”难以实现，参与成本降至最低；

• 信息对称使金融中介“敲竹杠”（Hold up）成了无意义的无赖行为；

• 细分行业、相对封闭、基于资产价值形成全过程登记的市场使价格波动减缓，至少不引发大的金融危机；

• 竞争有限度，以免“孤注一掷”（Go for broke）行为频繁发生；

• 大量交易且十分便捷（目前已有互联网网购、支付以及消费信贷奠定的基础）。

区块链金融市场的培育不是一个轻而易举的过程，其难点在于突破选择。我认为，初始阶段区块链金融市场的培育应选择这样的市场（比如区块链颐养币、商业票据、供应链金融、能源金融等）：

• 有利于拓展市场空间，且空间足够大；

• 目前金融机构渗入程度较低，或价值链不完整；

• 市场主体参与者众多，价值认证期望高；

• 相关企业积极给予配合，联盟意愿强；

• 政府关注和支持（央行数字货币体系有可能介入）。

互联网极大地促进了信息（数据）的流通，从而促进了信息（数据）的资产化，其特点主要在于：一是打破信息的不对称性格局，竭尽所能公开一切可以取得的信息（数据）；二是对产生的大数据进行整合利用，使得信息（数据）资源的利用效率最大化；三是互联网的群蜂意志拥有自我调节机制。区块链技术的可回溯、不可更改和全过程记录的特征，对于行为个体的精细化研究提供了可能。在我看来，所谓的大数据分析应用于金融领域，其实质就是对个体无序聚集而成的群体数据进行分析，从中抽取出个性化金融服务和普遍性金融服务的要点，从而开发出适应于特定人群和大众人群的金融产品。区块链技术对于来自相关各个方面（如个体的购物、交通、通信、医疗、养老护理等）大数据的整合，将有助于对个体思想观念、历史经验、行为习惯、财富传承状况及生存目标意愿等进行分析和归类，便于金融机构设计精细化的产品，金融机构对基于中产者大数据的信用也增强了信心。而与此同时，中产者对于金融资源的取得与利用，直接有助于其亲缘格局的提升。这些造就的都是正向激励的革命性后果。

在互联网化、大数据广泛应用于金融领域的社会里，中产者的亲缘格局本身就是数字资产，一种已经可以进行量化的信用资产，可以随信用的增加而不断增值的资产。从凯恩斯所说的“信用状态”来分析，就是中产者的个人信用以及他们所在企业、机构的信用会逐渐占据主导地位，而国家和金融机构依靠法律或政权的强制力而取得或实施的信用将会逐渐下降。也就是说，大数据和区块链主导的分配模式将逐步取代利益相关者之间依靠法律或政治强权分配金融资源及其收益的模式。如果真能逐步推进这样的分配模式，则马克思的理想（每一个个体都消除了异化，每个人的自由发展是一切人自由发展的条件）有可能在数字世界中实现，即我所说的宙合资本运动之道将大行于世。

6.8 我们把这些“理一分殊”——充满共通性和个体差异性的人、物、事、理，以及它们组成的个体亲缘格局，通过开放性网络和创造性劳动的结合进入数字资产的体系，从而进入新资本运动

（宙合资本运动）的循环。具体来说，有可能产生数字商业票据、ICO众筹股权权证、供应链溯源及账链、地票、颐养币，等等，拓展出巨大的数字社会的市场空间，这是一个自生成信任的、城乡一体化的、消费生产与金融相融合的市场，也是一个自组织的、无须财政政策和货币政策介入的相对封闭运行的理想市场（参看后文最后的图）。

关于具体的数字资产生成模式和商业模式，我的朋友吴志峰在他的朋友圈里的发言很有启发性。照录如下：

（吴志峰：关于数字货币演化的猜想）“在数字货币时代，从货币形态、货币职能到货币的本质都会发生一系列深刻的变化，首先也是最容易观察到的是，从纸币到数字货币本身就在物质形态上有根本变化；其次，可能不光是货币从原子到比特的物质变化，还有数字货币的多元化，即未来会出现很多竞争性的货币，而不仅仅有法定数字货币；接着，数字货币的多元化以及货币的竞争，使得法定数字货币的存在未必是必需的；再接着，如果法定数字货币未必需要，那么货币的职能就会发生改变，交换媒介职能不是由法定货币而是由竞争货币承担，价值储藏职能也发生变化，唯有价值尺度还会保留；再继续，由于代表各种价值形态的竞争货币可以无限分割，所以竞争货币间的兑换并没有什么不方便，实际相当于数字世界的物物交换将成为可能；最后，在上述货币形态、职能和性质的不断演化下，货币的本质也必然发生变化，货币的社会功能发生变化，货币保留价值尺度职能，但也仅仅是价值单位或者货币符号，就像退化到多少元的元字。然后就没有然后，或还有无数的然后了。

如果以上数字货币演化的逻辑成立，有真实价值的各种实体机构和价值形态可以发行自己的数字货币，而从事中介业务赚取巨额价差的各种机构将被打回原形并逐渐消融。这意味着实体经济的崛起！如果中国能保持当前这种世界工厂地位、产业价值链齐全、技术和产业升级不断进展的势头，意味着中国将在未来的数字货币时代更加强大。相反，如果不做改变，以美元霸权和华尔街金融帝国立世的美国将在数字货币时代逐渐凋零。这是即将再次发生的大分流，一个全新的时代拐点！”

6.9 我的博士论文[①]中有关于资本运动元制度特征的论述，“资本虽然在收益流量的增加中表现为生产要素，但在收益流量分配和存量价值增加中却更多地表现为社会关系，从而使资本运动越来越大地对社会关系的变动造成影响，从而对宏观经济和社会发展造成影响。”这些对于研究当前以比特币为代表的数字资产和数字货币的性质应该有所裨益。比特币的设计初衷似乎游离于社会生产和生活之外，但是在实际运行中，却发生了各种货币纷纷与之对接、兑付的情况，特别是在人民币和美元的争夺战中很多人从中渔利。不管人们出于什么样的盈利目的，如避险、洗钱、逃避资本管制，等等，都说明比特币不可免俗地加入了资本运动之中。令人担心的

---

① 陈玉京：《中美住房金融理论与政策：房地产资本运动的视角》，人民出版社，2009 年。

是，假如这样的数字货币越来越多，会给这个本来就很混乱的世界带来什么？

我所期待的以区块链技术为基础构筑起来的数字资产（货币）显然不是这样的。不管是养老币、商业票据、供应链金融凭据还是非上市公司股权权证，这些数字资产都是和实体经济运行紧密相连的，运用区块链技术是为了改变以往金融领域由于信息不对称而“敲竹杠”“看人下菜碟”成本畸高或者干脆拒绝金融服务的状况，而不是故意制造出数字资产（货币）来添乱。它们将在不同的行业、地域系统或金融领域发挥各自的作用，在传统的金融服务之外增加了广阔的空间，目的是服务民众、服务中产者、服务中小企业，让他们在贡献数据的同时逐步建立自己的信用，让他们更加方便、快捷、有效地享受金融服务。

同时要看到，数字资产（货币）在实际经济运行中所对应的资本运动有了许多新的特征，比如对于大数据的整合、分析和利用，数据加密、透明、不可更改、可追溯等，这些都是经济发展到一定阶段人们对于资产形成和资本运动的新要求，不能简单地用“虚拟”来概括。它们是资本运动元制度特征派生出来的，是值得深入研究和探讨的。

在我的设想中，数字资产（货币）是用于特定行业和领域的相对封闭运行的资产（货币），它在以后相当长一段时间里有可能与各国央行发行的货币以及比特币等虚拟货币是三者同时并存的。而当它的社会示范效果达到一定程度后，央行的货币和比特币等虚拟货币有可能会向它靠拢，直到它成为公认的走向世界大同的数字资产（货币）[①]。可参见本书附录部分相关文章。

① 我在2016年4月清华金融论坛上首次提出“养老币”的概念。近一年多来，我又看到前英国央行行长默文·金的《金融炼金术的终结：货币、银行与全球经济的未来》，书中有关于“养老代币”的论述；日本马克思主义学者柄谷行人的《跨越性批判——康德与马克思》一书，也有关于用“替代性通货”实现金融体系的彻底变革，以期实现马克思所设想的“自由人联合体”的社会理想。他们的著述鼓励我继续进行用区块链技术实现“养老币”（扩展一点也可叫“颐养币”）体系的研究。

在数字货币体系逐步建立的过程中，有可能在三五十年内会出现原有的央行主导的货币体系与数字货币体系共存的现象。自古以来货币是国之重器，现代社会更是如此，各国央行不会轻易放弃发钞权，这是显然的。但是我们可以设想这种一种情况：央行成为数字货币发行的管理者；若干占有数字优势的机构可以成为数字货币的发钞行；现有的中小银行及其他金融机构将成为取证（价值发现和评估）机构，这些机构的主要功能和盈利模式建立在“抢人”（利用各种商业和非商业渠道，发现和评估人的价值）的基础上。如马克思所言，“凡是在货币本身不是共同体的地方，货币必然使共同体瓦解。”（马克思《1857—1858年经济学手稿》）数字货币产生的革命性作用也将是如此！区块链技术走向价值互联网的趋势已经显现，智能时代将打造人的价值共同体，在这个价值共同体基础上的数字货币最终将导致原有货币共同体的收缩甚至瓦解。

七

遵循有限理性、主张相对合理行动的哲学

7. 亲缘格局论是遵循有限理性、主张相对合理行动的哲学。合理的行动建立在有限理性之上，因为人的理性、行动总是和他的亲缘格局交互生成的，而层次性、多样性和差异性是亲缘格局的常态，所以有限理性和相对合理的行动也必然是常态。中国古代的圣人就是有限理性、相对合理行动的人，如孔子所说："知之为知之，不知为不知，是知也。"而西方基督教的上帝无所不知、无所不能，是柏拉图无限理性的化身，到了宗教改革之后才回到有限理性的人化的上帝。

7.1 有限理性、相对合理的行动与经济学的关系最为密切，因为几乎所有有价值的经济决策都不是"纯理性"决策。对此，经济学家赫伯特·西蒙（他同时也是人工智能的先驱）做了一个"满

意度”的模型——即做出“足够好”的决策，而不是费力地计算最优决策，这是对真实人类行为特别是经济行为的一个好的描述，西蒙因此获得了1978年的诺贝尔经济学奖。从亲缘格局的角度看，“足够好”的行为决策是合意选择的结果，在特定的情境下做了这样的决策，相应的那些人、物、事、理对“我”来说就是有缘来相认的，是要纳入亲缘格局，并对亲缘格局的提升和重构有益的。

7.1.1 经济学的基本假设：第一，人是自私的，而且因为自私而自利的经济行为是有利于他人和社会的。第二，人是理性的。

问题在于，在全球性的资本主义进程中，资本、劳动、土地等生产要素不能离开人及其所依存的社会而存续，从而具有价值并在运动中增殖。

从亲缘格局视角看，劳动力（包括智力）、土地都可纳入广义的资本。

资本对人的“才熵”来说是最重要的张力，拥有资本的人也始终处在亲缘格局中。既然处在亲缘格局中，其自私性就必然是有限度的，自利和利他必然要有某种平衡，所以最重要的是利益分配关系的选择及其保证，道德、法律和人情等都是利益分配关系之能够施行的考量因素。

比如，资本家拥有资本，但必须有相关的人（辅助者、工人、服务商等）聚集在某项商业运作中，必须有相关的金融机构保证他的资本的杠杆率，必须有良好的商业环境（包括国内国际环境）。各项商业运作之间也并不是简单加总的关系，而是复杂的函数关系。

既然每一个经济行为的顺利实施，都是自利和利他的结合点之实现，那么经济学的基本假设之合理性就要大打折扣了。至少有三种情况是要考虑的：自利利他，自利不利他，利他不自利。当经济行为涉及多人时，则更为复杂。理想的局面是各方自利而又多方共赢。

函数关系：

$y=F_1(K)$..(1)

$K=f(l1, l2, ... k_1, k_2, ...)$........................(2)

$Y=F_2(y_1, y_2, ...)$................................(3)

其中，y、Y 是个体和全体的利润，K 是个体拥有的资本（在智能时代可以亲缘格局做出评估），l、k 是个体的劳动力、土地等资产。

资本运动和经济增长的加总性如何实现？这是摆在我们面前的一个重大难题。

事实上，作为个体（某个人或者某个企业）一生的商业运作项目并不会很多，能赚取的钱（货币资本及可量化为货币的其他资本）也是有限的，所以，“化整为零”，也就是多考察 y_1，y_2，y_3..... 可能会有助于经济学的思考。

由于很多时候经济行为个体都在做着损人利己甚至损人不利己的商业运作[①]，所以宏观经济学关于经济增长的总量如 GDP 等概念是十分可疑的。也就是说，货币的总量和流通量可能是唯一可信的宏

① 按热力学第二定律的说法，即使是多方共赢，也很有可能对社会总体或自然环境造成了损害。

观经济学指标，数字货币更可信一些。

既然人处在亲缘格局中，实体现象对于人永远是处于显现与隐蔽并存的状态，因此理性也必然是有限度的。20世纪40年代，赫伯特·西蒙指出了新古典经济学理论的不现实之处，分析了它的两个致命弱点：其一，假定目前状况与未来变化具有必然的一致性；其二，假定全部可供选择的“备选方案”和“策略”的可能结果都是已知的。而事实上这些都是不可能的。西蒙的分析结论使整个新古典经济学理论和管理学理论失去了存在的基础。西蒙指出传统经济理论假定了一种“经济人”。他们具有“经济”特征，具备所处环境的知识即使不是绝对完备，至少也相当丰富和透彻；他们还具有一个很有条理的、稳定的偏好体系，并拥有很强的计算能力，能计算出：在他们的备选行动方案中，哪个可以达到尺寸上的最高点。西蒙认为人们在决定过程中寻找的并非是“最大”或“最优”的标准，而只是“满意”的标准。以稻草堆中寻针为例，西蒙提出以有限理性的“管理人”代替完全理性的“经济人”。两者的差别在于：“经济人”企求找到最锋利的针，即寻求最优，从可为他所用的一切备选方案当中，择其最优者。“经济人”的“堂弟”——“管理人”找到足可以缝衣服的针就满足了，即寻求满意，寻求一个令人满意的或足够好的行动程序。西蒙的有限理性和满意准则这两个命题纠正了传统的理性选择理论的偏激，拉近了理性选择的预设条件与现实生活的距离。

7.2　人工智能的思维可以更清晰、更准确地阐释亲缘格局论的

理性观念和行为哲学：第一，人、物、事、理在机器人那里都是数据。第二，所谓“有缘来相认、无缘不入心”就是按照某种规则或想象、意志对数据的分析和处理之后的必然结果；第三，机器深度学习的后果可以比人更加认识自己；第四，人所遭遇到的一切人、物、事、理都可以在人工智能那里保留下来，从而使个体的亲缘格局达到可以逼真传承的程度，比以往通过书、画等作品传世更加形象生动；第五，人和祖宗、先人的对话不再是神话传说，“宙合”世界将成为世人新的向往。

7.3 人工智能从20世纪50年代开始探索，只到最近若干年才取得突破性进展，主要原因就是互联网改变了人们的思维方式，人、物、事、理的层次性、多样性和差异性前所未有地展示在人们面前，大数据之“大”真正地得到了展示和挖掘[①]，于是像GOOGLE（谷歌）、AMAZON（亚马逊）那样的公司由于积累了十几年的数据而得到

① 吴军在《智能时代》一书作了这样的描述：进入21世纪后，由于互联网的出现，使得可用的数据量剧增，……全世界各个领域数据不断向外扩展，渐渐形成了另外一个特点，那就是很多数据开始出现分叉，各个维度的数据从点和线渐渐连成了网，或者说，数据之间的关联性极大地增强，在这样的背景下，就出现了大数据。大数据的特征一般可用3V概括，即大量（Vast）、多维度（Variety）、及时性（Velocity）。吴军认为应加上完备性（Completeness）。比如智能手机足够普及并且大部分用户开放了他们的实时位置信息，于是城市交通和人员流动的数据具备了一定程度的完备性。再如深蓝和阿尔法狗收集和整理和全世界各位大量的对弈棋谱，这也是具备了象棋、围棋大数据的完备性。利用大数据的上述特征，计算机的智能化变得可能，甚至在某些方面比人的智能更深入、更全面、更可靠。大数据和摩尔定律、数学模型一起导致了机器智能的产生，在自动驾驶汽车、诊断某些病症和下棋等机器智能的背后，是数据中心强大的服务器集群。从方法上讲，机器获得智能的方法不是和我们人一样靠逻辑推理，而更多的是利用大数据，从数据中学习信息和知识。以上内容节选自该书P62—85，中信出版社，2016年。

了先机，利用大数据模拟出了人的思维、行动的过程，得到了有限理性和相对合理行动的若干种可信的模拟样式。随着人工智能的进一步发展，有可能深入到人的需求、情感层面的过程模拟，可进一步证实人的有限理性和相对合理行动。

7.3.1 人的需求层次性由马斯洛心理学提出，在互联网时代这些需求（生理、安全、爱和归属感、尊重、自我实现）已经不再显得那样分层次而有序，事实上，每一个人都有被尊重和自我实现等高层次需求，只不过在以往精英把控的社会里普通百姓的这些需求被漠视了。而且新的理论研究发现，“你的基本需求彼此之间并不和谐，每种需求都在争取能被满足的优先权，而这取决于每种需求距离上次得到满足已经有多长时间，以及你目前满足需求的机会是什么等综合情况。实际上，脑科学已经表明，在大脑中并不存在制定决策的‘中央权力’。相应地，人们并不会按照理性和有序的方式去行事。相反，大脑用来管理多个输入和指挥多个输出的多条路径之间存在着彼此竞争的关系，这使人们在处理问题时能够在各种合理的优先选择之间进行随时切换。”[①]因此，詹姆斯·麦奎维提出以平面化的四种需求说来代替马斯洛的需求层次说。他说人类有四种基本需求，即舒适、连接、多样化和独特性。

---

① 詹姆斯·麦奎维：《颠覆：数字经济的创新思维和商业模式》中译本，电子工业出版社 2016 年，第 124 页。以下三小节内容主要来自该书。

7.3.1.1　舒适的需求是最基本的人类需求，在幸福受到威胁时，舒适的需求会变得强烈。舒适一词包含了许多种体验和存在状态，包括安心、平静、有保障和安全。这种需求的特征是想要消除压力和减少复杂性。舒适的需求主要在潜意识的层面发生作用，以产生消减焦虑的短期幸福感。在面对威胁信号时，大脑的某些区域会向大脑和身体涌入大量令人不愉快的激素如肾上腺素、皮质醇等，使之有意识地找出当前问题的解决办法。舒适从其他需求更容易得到生物学上的验证，它直接产生于催产素和血清素等神经递质，即提供幸福感和安全感的激素的释放和摄取。

7.3.1.2　舒适是如此必要，所以它又产生了另一种同类型的需求：一种想要与其他人连接起来彼此获得安全和保障的渴望。连接可以通过多种互动机制在不同层面实现，比如接触、交谈、分享经验等，这也是开心农场（Farm Ville）这个游戏如此风靡的原因。当面对某种外来威胁时，连接的需求也会迅速提升，比如我们面临死亡时，会比原来更加深入地肯定自己的社会关系（如中国古话所说“人之将死，其言也善”）；当我们面临强敌入侵时，我们会表现得更爱国、更加坚守原有的信仰和道德标准。

7.3.1.3　舒适和连接的作用是让我们准备好应对安全和幸福面临的威胁，而在我们去寻求发展壮大的机会时，多样化和独特性的需求会更加突出。多样化的特征是感受到兴奋和可能性，对新奇和娱乐的期待，以及积极的不确定性。多样化和舒适一样体现在潜意识的层面，受到多巴胺和肾上腺素等化学物质的调节。独特性是和连接相对的需求，人们希望在人群中出现，同时又显示自己是唯一的、独特的个体。

7.3.2 舒适、连接、多样化和独特性，这些需求强烈地支配着人的行动，同时也在潜意识层面支配着人的认知和记忆。“有缘来相认，无缘不入心”的所谓有缘、无缘，在很大程度上是受这些需求决定的，需求会让“我”所遭遇的人、物、事、理在潜意识层面上得出价值评估，从而导致人的选择性的认知和记忆。比如一对情侣经常会主动营造出一些浪漫的场景，这就是多样化的需求，以强化彼此心中的关联感和浪漫感，从而强化选择性的认知和记忆，让彼此觉得他们之间的“缘分”更深了。再如对于所谓“恶”上司，和他们相处时的舒适感是很差的，舒适的需求会激发对于上司的差评，从而导致选择性的认知和记忆，经常使“我”有意无意地无视上司的存在，实在不能无视的时候就只好选择辞职或调离。

7.4 亚里士多德的伦理学主张行为目标和手段的可行性，也就是说行动相对合理而有效才是最重要的，而不是像柏拉图那样首先设定理性的最高级别，似乎人们的行为只有在这样的理性指导下才能实现其合理性[1]。亚里士多德在其《尼各马科伦理学》第三卷中说："我们要深思的不是结果，而是手段。因为医生不会深思病人是否会治愈，演说家也不会深思他是否会说服听众，……他们假设了结果并考虑如何以及通过什么手段来获得该结果，他们还要考虑手段是否容易实现，从而产生最好的手段；……如果我们碰到了不可能实现的事情，例如，如果我们需要金钱而又得不到，那么我们就放弃搜索；但是如果一件事情看似可能，我们就尝试着去做。"

7.5　理解语言需要了解主题和语境，而不仅仅是了解语法结构，维特根斯坦的这一哲学思想直接促进了分析语言哲学的流行，而分析语言哲学的理论应用于人工智能，直接推动了"知识表示"的研究。而我所倡导的亲缘格局论，对使用语言的人本身的研究更加重视，对于比较复杂的语言情境，必须了解使用语言写作或说话的人本身的亲缘格局所达到的结构和层次（比如对毛泽东和邓小平选集里面的某些话，就不只是主题和语境的问题，还需要深入了解他们的个性、当时面临什么样的政治斗争局面等）。这样的研究以往是模糊的，在人工智能的时代实现起来还是有可能的。

---

① 早期黑格尔的"交往理性"现代化道路被他自己抛弃了，忧心其时代分裂状况、重建伦理总体性的社会理想使黑格尔迷恋于思辨理性及其"具体化""现实化"，即使对政治经济学和市民社会的分析也没有阻止他这种迷恋，而思辨理性的结果所造成的社会后果却是一种类似于原始基督教的团契和希腊城邦的"交往理性"，即一种"民众宗教"。"因为，理性取代了命运，并且知道每一事件的本质意义早被预定。所以黑格尔的哲学满足了现代性自我证明的要求，但付出的代价是贬低了哲学的现代意义。最终，哲学失去了其对于当前时代的重要意义，毁灭了自己对时代的兴趣，拒绝了自我批判和自我更新的天职。"——哈贝马斯《现代性的的哲学话语》中译本，译林出版社，2011年，第36页，第49页。

7.6　依据有限理性行动的人们需要共识机制来达成某种一致。共识机制作为区块链技术术语，是21世纪初才出现的，但取得某种共识以维系社会关系或实现社会治理的机制是自古以来就有的。同样，亲缘格局作为哲学术语是我在2014年创设的，但亲缘格局作为人人皆有的，而且其在人与人之间的共通性很强的，我们也可以认为它自古以来就是一种共识机制（参考本书正文部分末尾的图表），即取得亲缘格局的共识以维系社会关系或实现社会治理的机制，这里比哈贝马斯的“交往理性”更具体、更充分。

亲缘格局最大的特征就是人人皆有，而且不光是人活着的时候有，死后也可能有。人活着的时候日生日成的亲缘格局，如果死后仍然对其他人的亲缘格局有影响，就继续维持着它的存在。亲缘格局最大的问题在于它的模糊性，它不光是对“他者”是模糊的，对“我”本身也是模糊的，因此，说明亲缘格局是如何导致共识达成的是一件很困难的事，尽管人们在日常生活中可以感受到靠亲缘格局是可以达成某种共识的。比如中国古老乡村社会的宗亲关系是“我”的亲缘格局的重要组成部分，仅仅凭宗亲的亲缘就可以实现婚丧嫁娶等“红白喜事”的互相帮助，而在这些“红白喜事”中宗亲族人的参与度又与主角及其家人的亲缘格局（财富、威望、人脉、名节等）有关。

21世纪初终于大行于世的大数据技术有可能帮助实现亲缘格局的评估，进而实现亲缘格局共识机制的明朗化。区块链数据是交互生成的，系统内所有经济参与方参与，而且全过程记录的数据的真实性、完整性由于区块链技术的原始特性（不可更改、可追溯）得到了保障。区块链数据可以由个体私钥掌握（可以自主择时交付、定向交付自己的信息数据），是对个体贡献可以进行奖励的，经济主体在交付自己信息的过程也是不断建构自己信用的过程。因为区块链数据的以上特性，对“我”与“他者”的亲缘格局的评估将会具有比较大的可信度，因而使我们可以了解到巨量的关于人们亲缘格局的数据，进一步提炼出亲缘格局共识机制的主要成分。我们以往是笼统地说亲缘格局的某些生成因素（财富、威望、人脉、名节等）使人们之间产生了某种共识，但到底哪些是主导的因素，其间的结构是什么样的，无从得知。研究清楚亲缘格局共识机制的成分，对于社会治理新机制以及经济金融新格局的形成有重大意义。

对个体而言意义更加重大的是人工智能有可能实现对亲缘格局的再现。当对某个个体所遭遇的人、物、事、理以及它们“有缘来相认，无缘不入心”的程度的数据积累到一定程度，对于个体亲缘格局的再现是完全可能的。如果把这些都输入到Agent（智能体）里面，人们对远方朋友的思念、对逝世亲人的追忆都有可能成为随时可以面对面的场景。

亲缘格局具有可加总性，“宙合”就是亲缘格局的无限叠加、组合形成的。万事万物皆有此理，而此理是与人心相通的，所以虽然每一个体的亲缘格局各不相同，而且在一定的时间段自己的亲缘格局也有改变，但是所有个体的亲缘格局却有可加总性。这是从模糊意义上来说的，如果人工智能实现个体亲缘格局的再现，那么“宙合”就有可能成为“真实”的世界图景，从而人类间的共识机制也成为自然而然的东西了。

人人都在世，人人面对的世界“和而不同”，却能够在往来四方的宇宙中汇聚在一起，再加上古往今来的各自的祖宗先人以及各类历史人物的与在世之人共通的灵魂，构成人类世界独有的“宙合”之境。“宙合”之境总揽天地之英华，网络万事万物之理，至大无外，至小无内，成为人类社会生生不息之胜景。

7.6.1　我们强调以亲缘格局为基础的共识机制的现实意义何在？以下关于未来经济金融的畅想也许可以说明其中一二。中国经历了改革开放四十年来波澜壮阔的发展，目前随着世界经济金融大格局的变化和智能产业的突飞猛进，正面临一个难得的转型、融合和发展的机遇。这个机遇就是数字化，可用经济学家钟伟最近的一次发言[①]中提到的思想来说明：钟伟概括了即将把人类带到智能时代的四项技术：A（Artificial Intelligence，人工智能），B（Blockchain，区块链），C（Cloud computing，云计算），D（Big Data，大数据）。他认为中国有老三化（城市化、货币化、工业化）已经基本完成，未来中国将进入后工业化、工业4.0、智能制造等新的阶段，老三样（金融、地产和传统工业）已经很难有超额利润了，未来对于传统工业的改造、对于消费升级、对于新型城市化，都要用ABCD的技术手段，这些以ABCD为代表的新兴产业将引领中国经济未来发展。特别是，消费类企业及其产品与传统工业的改造、消费升级、新型城市化，特别是与人民群众工作、生活、休养

① 2017年7月18日钟伟在第二届企业创新生态圈大会上的演讲。

都密切相关，以ABCD为代表的智能产业为龙头，引导消费类企业、金融机构、金融科技公司以及研究宣传机构等共同进行融合创新发展，努力做好整合、提升、重构的实功夫，将有可能促使消费类企业出现一次新的变革，出现数字化、跃升式演进发展。

我们认为，上述ABCD四项技术的定位是有层次性的，其中区块链对信用体系的重塑使之可能成为传统金融的变革者甚至颠覆者，进而进一步促进金融与产业的融合，因此B是龙头中的龙头；人工智能有可能会对工业制造和某些服务行业的流程做出最大限度的改造，因此A是龙头中的中坚力量；而C、D是纯技术的、基础性的东西，将对信息、数据的储存、挖掘和利用产生重要影响，进而对A、B提供更好的信息、数据支撑。综上所述，区块链技术在智能产业引领现代农业、工业4.0和服务业升级改造中的作用将是巨大的，它对信用和金融服务体系的重构既是这次升级改造的重要基础，也是这次升级改造必然要产生的重要结果。也就是说，中国消费类企业利用传统资源和优势“+区块链”将大放异彩，成为数字化、跃升式演进发展的动力源泉。

经初步研究，我们认为银行及相关金融机构应特别关注消费类企业“+区块链”，如：从打造四个体系发力，着眼建立新的区块链产业和金融生态系统。

一、打造食品烟酒、衣着、传统工艺品、艺术品等各类消费品中的名优特产品，以及住房和办公休养用房的区块链溯源和消费体系；

二、打造与老百姓住宿、出行、休闲、娱乐相关的名优特产品区块链个性化设计体系；

三、打造与老百姓住宿、出行、休闲、娱乐相关的名优特产品物联网为基础的区块链征信体系；

四、打造与老百姓住宿、出行、休闲、娱乐相关的房地产资产登记、使用权转让为基础的区块链旅游养老服务体系；

在上述四个体系建设达到一定规模时，适时推出以城乡闲置房产资源和个体的区块链信用积累为基础的数字资产（如“颐养币”），打通四个体系，进一步促进四个体系的建设。

在上述四个体系的信息、数据积累到一定程度时，对相关产品使用人工智能技术进行改造升级，使四个体系的建设更上一层楼。

数字资产（如“颐养币”）的发行技术和规模达到一定程度后，可以申请国家养老体系（包括退伍军人体系）支持注入新的资产，同时号召全社会以捐赠人力、物力和资金等方式补充“颐养币”。

事实上，区块链金融市场的拓展是离不开数字资产或数字货币运行的，数字资产和数字货币必然是区块链技术及其应用的灵魂。这一点毋庸讳言。从世界范围看，区块链、人工智能等数字技术的竞争将可能会导致新的经济金融格局的产生，甚至可能会出现某些国家弯道超车的情况。我国作为已经形成的数字经济大国当然不能主动退出这场竞争，对于数字资产或货币的研究及其在市场中的应用不仅要抓紧，而且要努力引导并激活民间的力量才对。

八

亲缘格局论的基本观点及其开放性本质

8. 亲缘格局是为所有有缘人开放的格局，反身重构的格局，自身信用和人际信任得以建立的格局，自强不息的格局，“理”为核心原动力的格局。

亲缘格局论是当之无愧的原创哲学，尽管它只是一个雏形，需要充实完善之处太多，特别需要和最新的科技、经济金融状况相结合的研究。基本观点已经形成，大概是以下十点：（1）无善无恶心之体，赤子之心要时刻葆养；（2）每一个个体都拥有亲缘格局（纳入个体亲缘中的人、物、事、理之格局），是在人生过程中不断反身重构形成的；（3）实体和关系交融中不断提升的亲缘格局体现人生价值；（4）有缘来相认、无缘不入心，世上只有祖先和逝去亲人的灵魂在“宙合”（心与物、存在与时间、人与人灵魂交融的恢宏辽阔之处所）中永远和“我”同在；（5）承认人种、基因和家族传承的个体差异，但是有教无类，成为君子的理想和努力不能停止；（6）财产和货币自古以来就是人的确定性的来源，亲缘格局对确定性的追求天经地义（国家和法律的合理性奠基于此）；（7）过于贫穷和过多的占有财富都是对亲缘格局的伤害，贫而无谄很难，富而好礼更难；（8）文化艺术调节亲缘格局的高度、气度和润滑度；（9）“向死而生”，“一阳来复”，生命力靠决绝的勇气，靠天地和谐和自立立人来维持；（10）人工智能、区块链、云计算和大数据技术的应用将实现亲缘格局的量化，从而引发人性和制度的彻底变革。

8.1 “无善无恶心之体，有善有恶意之动，知善知恶是良知，为善去恶是格物。”这是完整的阳明“四句教”，没有人质疑后三句是儒学传统的说法，但是对“无善无恶心之体”争议颇多。其实，它并不难懂，它只是概括了人从生到死这一必然、同时又是偶然的过程的“始”与“终”，“赤条条来去无牵挂”说的就是这么一回事。说这句话来源于禅学是没有疑问的，但由此批评王阳明流于禅，则责之太过，甚至有点不知所云，由此批评阳明的人对阳明的哲学功底了解不够，特别是对他的儒学根基缺乏深入了解。阳明提出“无善无恶心之体”可以说是石破天惊，很少人能看到它和孔子真传之意的契合。它的意思是囿于伦理就永远无法达到思想上的超越，永远会被陷于社会和自我设置的窠臼之中，永远不可能达到永恒的独立精神和坦荡荡的境界。王阳明的这一思想彻底回归到了孔子所讴歌的《诗》百篇“思无邪”的状态。为什么孔子说“性相近，习相远”？如果人心之体天生就是善恶分明，这不仅与人出生之初的现实不符，而且会与“性相近”形成逻辑上的矛盾。因为原初的心体夹带着善恶的种子的话，很可能就是分配不均的善恶种子，而且是任人评价的善恶种子，“性相近”基本上就无法实现了。

从亲缘格局论的观点看，“无善无恶心之体”的哲学革命总义当然不止是对原始儒家真义的传承，更重要的是它与现象学的契合，甚至可以说它比现象学的还原和悬置方法更加彻底。在二战之后，列维纳斯反省了西方哲学的“自我”专横传统，以及“自我”对于“他者”的本能性压制，其最突出的表现就在于柏拉图的“哲学王”理念。直到尼采的所谓“上帝死了”，也是在为他的“强力意志”张目。胡塞尔主张现象学的还原，要把一切理论前提悬置起来，但是也本能地保留了“先验自我”，因为在他看来，没有“先验自我”，他的“第一哲学”是无法得到支撑的。海德格尔的“此在”和世界同在，在无限的可能性中敞开和绽放，但他的此在无时无刻的不处在没有根据地的“烦”中，这样的人生仍然是焦虑的、没有依傍的，有时就不得不借助于其中虚拟的力量来支持（比如他在20世纪三十年代对于纳粹的幻想）。维特根斯坦继承了叔本华的某种佛学根基，他对于文化现象的解剖富于深意，而且直逼源头，可以说是西方历史上第一个也是唯一一个让世界还原到真相的哲学家，他提出的“家族相似”和“语言游戏”触及到了人性的深处。而在我看来，王阳明的“无善无恶心之体”早于维特根斯坦400多年达到了同样的高度。

人生之最大的吊诡在于，除了一始一终可以做到“无善无恶心之体”外，人生无处不要面对道德、伦理、法律和人性的考验。人生过程中不断遭遇的人、物、事、理让“我”不得不时刻处于选择和判断之中，而且知、情、意一直在干扰“我”的选择和判断。这就是海德格尔所描述的“被抛”状态。人生在世，海德格尔说那是“我”作为此在的基本情态和存在意义之根据。而按我的说法就是，人生在世，处在“宙合”之内，因而“我”无时不处在亲缘格局之中。

无善无恶心之体，其展开之动力是乾坤并建之理，其展开之结果是理一分殊之生活世界之图景，其显示的共通性则助个体亲缘格局通达“宙合”。亲缘格局必须达到“宙合之境”，而决不能停留于“直观”“感受”的个体，要不然我们的研究就成了心理学，而不是哲学。正是在这一意义上，亲缘格局论提出区块链金融，ABCD 技术的应用等实践课题，倡导多元化价值评估体系的建立，以引导个体亲缘格局的逐步提升，使之逐步通达“和而不同”的“宙合”之境。

8.2 亲缘格局论强调“无善无恶心之体”，着眼于王阳明哲学的现代阐释，把道德训教和资本、货币、家族财富、个体智力相貌等都放到了一个平面上来认知，避免了道德的先入为主，从而保证了亲缘格局始终如一的开放性，压迫感和焦虑必然会大大减轻。

亲缘格局论强调个体的自立立人，承认个体的差异和有限理性，对人类中心主义天然地保持着怀疑。个体的存在必然要和其他个体和谐相处，同时也要和天空、大地、各种动植物和谐相处，这样才能始终保持“一阳来复”的生命活力。

亲缘格局论把财产和货币视为减少不确定性的一种必要保障，

让财富的本质得以回归，对资本的神话是重大打击。亲缘格局论承认财富是构成个人格局的亲缘之物，但是只是众多亲缘之事、物之一种。亲缘格局论承认财富的价值，但它只是构成亲缘格局价值的一个部分。“贫而无谗”“富而好礼”，是亲缘格局反身重构的必然结果。

亲缘格局论强调有缘来相认，无缘不入心，高扬个体的自主性，既重视个体和家族传承的世代联系（在“宙合”中的灵魂交融），也重视无血缘关系但是有心灵沟通的朋友之情谊，从而使个体在任何时候都能保持对自己的信心，在任何时候都有心灵的依偎之地。

亲缘格局论强调文化艺术调节人的高度、气度和润滑度，对民族的和世界的文化都保持着平等对待的态度。亲缘格局论特别指出客家人（以及他们的根之所在——中原地带）在传承中华古代文化中的重要角色，是希望人们对中华文化的根有更加清晰的认识，从而增加对我们本土文化的自信，相信中华文化将继续具有强大的整合力，在世界文明进程中必将重新焕发活力。

8.3　如何提升亲缘格局？或者说什么样的亲缘格局才算是比较完善的？孔子讲过一段关于“成人”的话，应该说是儒家对于亲缘格局的比较完备的论述。“子路问成人。子曰：‘若臧武仲之知，公绰之不欲，卞庄子之勇，冉求之艺，文之以礼乐，亦可以为成人矣。’曰：‘今之成人者何必然。见利思义，见危授命，久要不忘平生之言，亦可以为成人矣。’”（《论语·宪问》）智、廉、勇、艺四者加上礼乐的修养，这样的标准够高的。孔子接着说了一个较低的标准，即“见利思义，见危授命，久要不忘平生之言”。儒家是讲主动作为的，而我们在这里讲的亲缘格局除了主动作为，还包括被动的承担和接受。只要遭遇到的人、物、事、理都会在“我”的生命中留下印迹，“有缘来相认，无缘不入心”，人的生命历程中终归会有一些东西留下来构造亲缘格局。

8.4　黑格尔的《小逻辑》对当时德国的思想界状况做出了乐观的估计：“在短期前，一方面由于时代的艰苦，使人对于日常生活的琐事予以太大的重视，另一方面，现实上最高的兴趣，却在于努力奋斗首先去复兴并拯救国家民族生活上政治上的整个局势。这些工作占据了精神上的一切能力，各阶层人民的一切力量，以及外在的手段，致使我们精神上的内心生活不能赢得宁静。世界精神太忙碌于现实，太驰骛于外界，而不遑回到内心，转回自身，以徜徉自怡于自己原有的家园中。现在现实潮流的重负已渐减轻，日耳曼民族已经把他们的国家，一切有生命有意义的生活的根源，拯救过来了，于是时间已经到来，在国家内，除了现实世界的治理之外，思想的自由世界也会独立繁荣起来。”仔细读一读这段文字，我们会发现和当代中国的思想界状况有类似之处，在经过了一百多年的思想分裂和情感折磨之后，在物质上追赶西方社会的历程终于有了一定的成果之后，中国人的文化自信正在提升，很多人正在寻找“回家的路”。中华民族的思想文化应该向何处去，中国人的现代价值观到底应该建立在什么样的思想基础之上，正在成为中国人着力想解决的问题。借用黑格尔对年轻人的寄语，我真心地希望越来越多的中国人喜欢“做”哲学，为马克思主义的中国化的最终完成贡献一份力量。

亲缘格局论从对“宙合”的神秘认知到亲缘格局个体，其中一个环节就是我们客家人特别重视的“慎终追远”，也就是始终和祖宗先人的灵魂同在的思维（情感），所以我想到了在重构客家人历史的基础上来立论。客家人是汉族人古老文化的自觉传承者，是迁移到南方后顽强生存下来，并在中国南方各省乃至向全世界播撒汉族优秀文化基因的民系。客家人的历史比犹太人更为艰苦卓绝，但是对世界做出的贡献还有待评估、有待在未来的岁月中发扬光大客家精神才能为世界所承认。我作为客家后人，在21世纪的中国明确宣示以客家人历史为积淀的亲缘格局论的建构，无疑给自己出了极为艰难的一个课题。我深深感到，以汉族文化正脉传承者的身份对中西方哲学传统的解读和重新认识，是建立亲缘格局论的必要基础。这种解读和重新认识已经持续三年，路漫漫其修远兮，吾将上下而求索！

值得庆幸的是，亲缘格局论的实践在中国是早就开始了的，这就是以儒家为主导的中国伦理学。格物致知，加上正心诚意修身齐家治国平天下，有些地方（比如治国平天下）在现代人看来显得大而无当了，所以我把它们改为：知人识物行事明理。这八个字包括了亲缘格局中的人、物、事、理四个要素，是从个体主体的角度来主动面对的。知人、识物、行事、明理是每一个中国人每天都要面对的四个课题，当然对个体的亲缘格局是至为重要的，也可以说

"宙合"诸时代及金融资产划分简表

		金融模式	货币形式	价值体系	主要评估资产
宙合1.0	采摘时代	实物储藏	果实 贝壳	身体（健壮灵活） 亲缘格局	果实数量 洞穴
宙合2.0	农耕时代	实物储藏 民间借贷	金银	人力 畜力 亲缘格局	房屋
宙合1.0	工业时代	银行 资本市场	纸币（国家法定货币）	汽车 人力 亲缘格局	房屋 机械 知识产权
宙合4.0	互联网时代（信息经济）	银行 资本市场	纸币 电子货币	亲缘格局 证券化资本 市场估值	知识产权 点子 市场空间
宙合5.0	智能时代（数字经济）	区块链金融	数字资产（货币）	亲缘格局	亲缘格局

宙合资本运动导引图

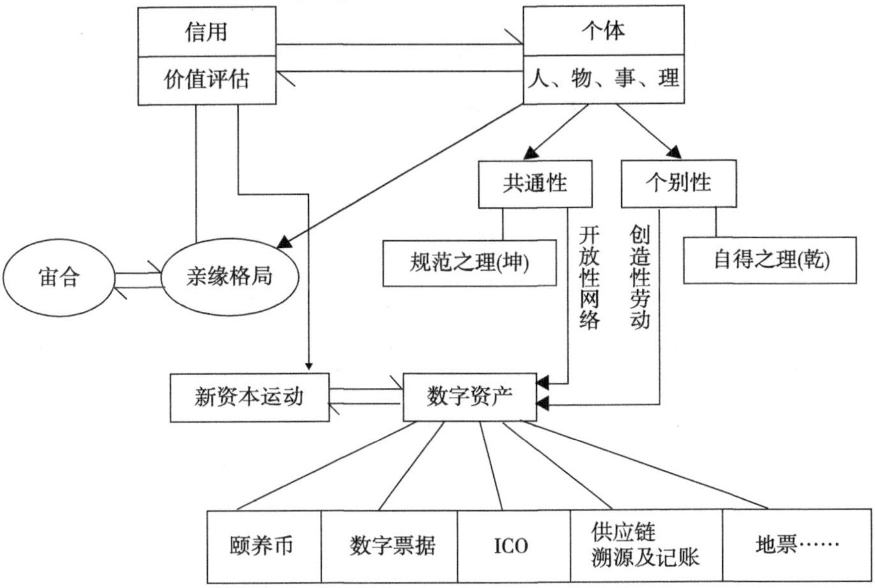

注：以上两个图表是我对此后研究课题的展望，也希望同道中人都来研究它们，众人拾柴火焰高，可以使我们的研究走得更快些、来得更多些。这也是亲缘格局论开放性本质的体现。如谢林所说，哲学是不能"学会"的，哲学家的理论只是提供一种"指引"，亲缘格局论也一样，真正地体会它必须通过亲自去"创造"后来实现。

实践这四个课题本身就是亲缘格局的建构过程。有物必有则，人、物、事包括在“有物”之“物”中，“则”就是“理”。人、物、事、理展开是一个平面上的东西，但是我们的思维（含有情感因素的思维）中免不了要对它们进行折叠，反复翻转来进行打磨，才能成为我们所说的亲缘之对我“有缘”的东西。戴震说的是：“情得其平，是为好恶之节，是依乎天理。”情得其平，于是有缘来相认，无缘不入心，我们在实践中也许并不是有意为之的，但是思维（情感）会完成这个过程。德国现象学大师舍勒写的东西，和我们要阐述的东西在这里将会有契合之处。

黑格尔《小逻辑》说：“追求真理的勇气，相信精神的力量，乃是哲学研究的第一条件。人应尊敬他自己，并应自视能配得上最高尚的东西。精神的伟大和力量是不可以低估和小视的。那隐蔽着的宇宙本质自身并没有力量足以抗拒求知的勇气。对于勇毅的求知者，它只能揭开它的秘密，将它的财富和奥妙公开给他，让他享受。”这种鼓励年轻人的话语是我们中国的哲学家必须要学的。

在即将到来的智能时代，很多迫切的经济金融和社会问题需要解决，这些问题之解决必须以新的哲学来指导，而亲缘格局论有可能是一个好的视角。所以，我以凯恩斯和马克思的思想为先导，持续跟踪前沿科技特别是即将把人类带到智能时代的ABCD技术，试图对亲缘格局的基本思想理念以及与经济金融相关的若干方面做出阐明，以解当前社会燃眉之急。至于亲缘格局论哲学体系的构造，或者说研究群体及气势的形成，则需待机守时，希望更多的同道中人加入进来，早日结出光彩夺目之硕果。

附录一
“中产者的亲缘格局”
——我的微信公众号部分文章

第一 亲缘格局论的来龙去脉

为了使更多的朋友们了解我的亲缘格局论，我觉得有必要把我的研究方法和范围简单说一下，希望40岁以上的人能一起研究，当然也希望年轻人多加关注！

一、走过的路。为什么读我的文章要有一定的阅历？因为我也是这么走过来的。我21岁时得到当时西北大学校长张岂之先生赏识，破格把我从军校一个工科生选到西北大学学习中国思想史。我学习非常努力，基本上没有受到当时商业大潮的影响，“一心只读圣贤书”，但是人生阅历对当时的我的局限是致命的，儒道佛三家的经典没有足够的人生阅历都难以真正读明白。在西北大学对中国思想文化经典的涉猎奠定了我一生研究的基础，但是真正的研究在20年后才得以开始。期间我在军队和国家的高级机关、研究部门工作多年，后来又到金融机构工作，经历了很多人和事，看惯人间风云变幻，如人饮水冷暖自知，我一个农家子弟被人赏识和被人陷害踩踏的心路历程暂且按下不表。

二、读过的书。由于工作需要，我在硕士毕业后的20年里，保持了读书的习惯，但读的书范围实在是太庞杂。这主要是因为我工作单位不停地变动，从军事科学院管招生和教学的参谋到武警总部、总政宣传部搞理论研究宣传是一大跨越，从部队转业到国家发展改革委从事宏观经济研究是一大跨越（期间读了经济学博士），从研究院到金融单位做实际工作又是一大跨越。逼迫自己从一个领域到另一个领域，比较熟悉的是中国思想史、战略学、二战史、马克思主义理论、中共党史、凯恩斯经济学和房地产金融等。当然，也始终关注着最前沿的信息科技。

三、思考过的事。人性是最复杂的，也是最值得研究的。我读过的书几乎都能联系到人性的问题。儒道佛三家都充满了对人性的思辨，王阳明“无善无恶心之体”是对人性的最好概括。战略学让我以世界视野审视人性和制度；战争是对人性最彻底的考验。马克思、凯恩斯的经济哲学是从人性出发的，房地产金融里面也充满了人性的贪婪和欲望。我深信解决人性难题的希望在信息和科技革命。除了人性，由于我是典型客家人，受同宗前辈陈寅恪学术方法的影响，思考较多的是与客家家族相关的文化和财富传承问题。

四、基本观点。亲缘格局论是当之无愧的原创哲学，尽管它只是一个雏形，需要充实完善之处太多，特别需要和最新的科技、经济金融状况相结合的研究。我的基本观点已经形成，大概是以下十点：（1）无善无恶心之体，赤子之心要时刻葆养；（2）每一个个体都拥有亲缘格局（纳入个体亲缘中的人、物、事、理之格局），是在人生过程中不断反身重构形成的；（3）实体和关系交融中不断提升的亲缘格局体现人生价值；（4）有缘来相认、无缘不入心，世上只有祖先和逝去亲人的灵魂在宙合（心与物、存在与时间、人与人灵魂交融的恢宏辽阔之处所）中永远和“我”同在；（5）承认人种、基因和家族传承的个体差异，但是有教无类，成为君子的理想和努力不能停止；（6）财产和货币自古以来就是人的确定性的来源，亲缘格局对确定性的追求天经地义（国家和法律的合理性奠基于此）；（7）过于贫穷和过多的占有财富都是对亲缘格局的伤害，贫而无谄很难，富而好礼更难；（8）文化艺术调节亲缘格局的高度、气度和润滑度；（9）“向死而生”“一阳来复”，生命力靠决绝的勇气，靠天地和谐和自立立人来维持；（10）区块链金融和亲缘格局的量化将引发人性和制度的彻底变革。

五、期望同道。我读研究生期间结识了四个比我稍年轻的朋友，特别是胡列清的格局论是非常好的创见，可惜我们已经很长时间不能一起探讨了。我期待四十岁以上的朋友能读明白我的文章，然后一起研究探讨。人生苦短，可做的事很多，能成就大事业当然好，自己做自己喜欢的事才是真的好。就我本人而言，年轻时在上层跳来跳去只是一种经历而已，我认为孔子说得对，三两知己研究真的学问才是最大的乐事！

如有同道，可进入我的微信公众号“中产者的亲缘格局”进行研讨。

第二　亲缘格局论之奠基

亲缘格局论建立在新一代客家人特殊的教育、工作和生活经历之基础上。其一，客家人传承千年之久的客家文化并没有因为文化大革命的轰轰烈烈而消亡，反而在文化大革命后的文化废墟上显得更加耀眼。以儒家敬天法祖、仁孝并举为思想核心的南方客家文化基本上没有受到“文化大革命”的冲击。新一代客家人在少年时代耳濡目染的文化传统在他们心里留下了原初的文化之根；其二，他们上大学时期正处于思想解放的20世纪80年代，各种思潮风云激荡，西方文化中尼采、萨特非理性主义思潮在中国思想文化圈里大行其道，激发了新一轮的激烈反中国文化传统的思潮；其三，新一代客家人大学毕业后直接进入了1992年邓小平南方视察讲话以后的经济开放和改革的大潮中，成为经济高速增长时代的弄潮儿，其中不乏成功者。他们或者处在制订经济政策的高层机关，或者在经济前沿地域和领域打拼，或者在金融圈随着资本市场的波浪上下沉浮，但无一例外地取得了丰富的经济金融一线工作经验，这种经验积累的是以往时代中国知识分子少有的财富和人生价值思想；其四，个人身家财富的积累和中国在世界经济舞台的迅速崛起，各式人等价值观的多样化，这些都没有使新一代客家人对于个人价值的思考止步，反而使他们的思考更加深入了。21世纪以来中国思想文化界发生了一般人不大留意的变化，各式人等在信奉孔子、庄子、王阳明、佛学和基督教，等等，20世纪70年代以前中国人迷信的苏联式唯物主义已经很难再纳入人们的思想视野，各种传统的、现代的、后现代的思想文化的文本被发掘和翻译出来，互联网的发达更是使爱思考的学人们很快得到最新的研究信息和相关的社会、科学技术发展信息。中国思想文化界急切地希望得到能够引领新的时代的思想文本，但是在混杂不堪的各种思想中要取得领导地位谈何容易。

亲缘格局论建立在对西方思想文化的再反思和重构的基础之上。其一，现象学的还原是有史以来最为激烈的“反传统”，是真正的可操作的重估一切价值。它要对一切现成的思维模式和科学“真理”都悬置起来，从而得到原初视域中才能得以显现的“先验自我”，然后再在这个“先验自我”之上来重构对于意向对象的认识。终极性的还原思维确实是革命性的，但是有一个难题是现象学家们难以突破的，那就是原初的思维框架从哪里来的，终极性的还原是否真的能够实现？其二，现象学的主客一体化思维成为二十世纪以后哲学思想的主流，唯物唯心之分早就已经成为思想史上的遗迹，但是“先验自我”的神秘主义残留使人们对于唯物唯心的争论又沉渣泛起，西方哲学传统的实体论倾向限制了现象学再向新的高度冲击。其三，海德格尔、萨特等人从存在与时间、存在与虚无的角度把现象学朝探索人生价值的方向引导，无疑揭开了西方哲学史上的新篇章，但是海德格尔和萨特最后得出的结论都只能是消极的，或者说是虚无主义的，因为西方文化的底色被基督教传承千年的教义涂染成了这样的悲观色彩，西方自身的传统和现代也是难以协调。其四，凯恩斯等学者的经济思想对公平正义、财富均等化的向往，实际上传承的仍然是基督教的教义，但是西方工业化和商业化社会所产生的经济金融理论和制度从根本上来说是与这样的教义格格不入的，西方社会已经深深陷入自己制造的财富漩涡中难以自拔，而且随着全球化的展开使全世界的经济体都深受其害。

综上可知，亲缘格局论的奠基有赖于哲学思想的新高度的建立。其一，现象学还原的操作思路可以延续，我们要努力对亲缘格局中各个阶段的人、物、事、理进行不断还原和重构。其二，海德格尔向死而生的决绝勇气是当代人最为缺乏的，人们喜欢安稳地处在物质丰富、网络信息资料发达的安乐窝中。不能领悟到面临死亡的"畏"，亲缘格局的高度就上不去。其三，亲缘格局的根必然是中国文化中儒家敬天法祖、仁孝并举这个思想核心所主导的思想内涵，但是我们所要努力达到的是智能时代这一内涵所能够达到的新的极限。其四，亲缘格局论不是认识论，也不是本体论，我们希望它更多地体现为思想欲求的描述、思想高度的攀爬和思想深度的掘进，但是它需要得到哲学史上相关哲学思想的滋养，入得其中而又要出得其外，这是最难的，然而又必须努力做到的。

第三　哲学本体论的消解：从“理一分殊”到“二理”之分

朱子在解释孔子“吾道一以贯之”时说：“盖为道理出来处，只是一源。散见事物，都是一个物事做出来底。一草一木，与它夏葛冬裘，渴饮饥食，君臣父子，礼乐器数，都是天理流行，活泼泼地。那一件不是天理中出来！见得透彻后，都是天理。理会不得，则一事各自是一事，一物各自是一物，草木各自是草木，不干自己事。倒是庄老有这般说话。庄子云：‘言而足，则终日言而尽道；言而不足，则终日言而尽物。’”显然，“吾道一以贯之”对于朱子来说，就是“天理一以贯之”。至于天理是什么，朱子的解说来自于他的老师李侗，而李侗的学问又传自程颐。程颐在解释华严经时说：佛家的事理无碍之“理”，“一言以蔽之，不过曰万理归于一理也。”对于程颐自视甚高而得到的所谓“天理”之解释，李侗还是比较清醒的，他说“吾儒之学，所以异于异端者，理一分殊也。理不患其不一，所难者分殊耳。”[①]。

周敦颐在阐释他来源于道教的《太极图》时说：“二气五行，化生万物，五殊二实，二本则一，是万是一，一实万分，万一各正，大小有定。”太极在道教那里内在地具有生成的功能，即《英真君丹诀》所说的“阴阳造化机”，是宇宙的本源，同时又是万物的本体。本源化生万物的过程，也是本体展露自己的存在的实在。所

---

① 朱子《李延平先生答问后录》。

以，万物是本体“一”自然生成的殊相，是“一”的体现；“一”是万物之性命的生成的本源。朱子正是从周氏《太极图》这里加深了他对程颐和李侗所说的“理一分殊”的理解。他说：“周子谓：‘五殊二实，二本则一。一实万分，万一各正，大小有定。’自下推而上去，五行只是二气，二气又只是一理。自上推而下来，只是此一个理，万物分之以为体。万物之中又各具一理，所谓‘乾道变化，各正性命’，然后又只是一个理。”周敦颐的宇宙生成论，就是直接来源于道教。这说明，受道家思想深刻影响的华严宗和禅宗形成后，它们对万物本体和具体事物的关系的阐述，达到了很高的思辨水平，尤其是华严宗的“月印万川”之比喻更是如此。朱子受此启发，用“理一分殊”来表达其“理”本体论的思想。朱子从本体论角度指出，总合天地万物的理，只是一个理，分开来，每个事物都各自有一个理。然而千差万殊的事物都是那个理一的体现。“《西铭》（张载的文章）言理一分殊，亦是如此”。从伦理角度而言，人物以天地为父母，天地以人物为子女，因此以乾为父，以坤为母，有生之类，无物不然，这是理一；人人各亲其亲，各子其子，这便是分殊。他说：“天地之间，人物之众，其理本一，而分未尝不殊也。”知其理一，所以为仁，便可以推己及人；知其分殊，所以为义，故爱必从亲人开始。

王夫之揭示朱子以“月印万川”喻“理一分殊”的矛盾，指出“迨其分殊，而理岂复一哉！夫不复一，则成乎殊矣！”认为理一既可分殊，就不再是理一；理既是全遍，就谈不上分殊。王夫之从逻辑矛盾上批判了朱子，并从本末、大小关系上论述了“理一分殊”。

他认为，万物之大原惟天地，如由一向万，本大为一，即理一；末小而万，便是分殊。这包含着事物的同一性与差别性、普遍性与特殊性的关系。同时，王夫之把朱子含混的理气关系明确出来，即理只是气之理，认为“而气必有理，则理既殊而气亦不同。”

从亲缘格局论的视角看，理一的本体论说明是无意义的，叫它“天理”也好，叫它“道”也好，都只是一个抽象的名词，其实并没有那样一种东西的存在。天地万物之理都来自于人们头脑中的抽象，即对于人、物、事及其相互关系的理解，无论是一般的理还是特殊的理，都是在一定情境之下、一定范围之内的理[①]，而不存在“总合天地万物之理”。这就是我对李侗所说的“理不患其不一，所难者分殊耳”的理解。从古代到近代，中外哲学家对“天理”“道”“绝对精神”之类唯一之理情有独钟，说到底都是对分殊之理的散乱状态感到不安[②]，本体论的思维一直占据着哲学的主流，直到海德格尔、维特根斯坦才把这个问题解决了。

结合海德格尔、维特根斯坦的说法，我认为，人在生命过程中可能遭遇到各种“家族相似”的人、物、事、理，对于家族相似的东西（以及规则），我们都要抱着宽容或同情的心理去理解，而不能像以往的哲学家那样硬把它们纠结到“一理”或“理一”之中。强行整齐划一，就会导致“什么都对，又什么都不对”的尴尬局面。事实上，在生命过程中留心人、物、事、理，并把它们中的有缘者

① 维特根斯坦说可以为特定的目的划一条边界，而在我看来，划出一定的“边界”就是为了说明某种“理”。

② 他们以为，如果人人、物物都有自己的道、理在，那么要哲学家来做什么呢？

纳入亲缘格局之中，则生命过程本身就是在“搞”哲学，人人都可能成为哲学家。本体论在此被消解了，消解在每一个个体的生命历程之中。

处于当前高度发达的信息社会中，我们要进一步认识到，分殊之理也不是那么难于得到，现在困难的是自己对于大千世界中千万种理的理解：将它们强行并入一个“天理”没有意义，但是千万种理太多太杂，任何人都不可能穷尽这么多的理，即使穷尽了，也可能让自己无所适从、茫然无绪。于是，最要紧的是，是否能够将某些理内化于心、外化于形，理解通透并应用自如。所以，在我看来，“规范之理”和“自得之理”的二分还是重要的。所谓“规范之理”，就是已经被普遍认识或者被一些特定的人群所接受的理，而“自得之理”，就是自己在特定的情境之下、特定的范围内对于某些人、物、事的理解，并不一定要求新求异之理，也并不要求穷尽天地万物之理，但一定是自己理解通透并应用自如的。从乾坤并建的观点看，自得之理是乾道，是富于创造性的，是自己提升亲缘格局的根本动力；规范之理是坤道，每个人首先是借助前人或他人对这个世界人、物、事、理的理解来理解这个世界，这就是规范之理的作用。当然，二分是相对的，它们之间可以随时相互转化。类似的，我们可以将所遭遇的人、物、事也做二分，如亲熟之人与疏离之人、有感之物与无感之物、实在之事与虚拟之事等，另文论述（参见本书正文部分第六章）。

第四　周易古经新解之原则

根据现有考古及文献学的证据，周易古经的卜筮方法应与甲骨文记载的占卜方法一脉相承，是中华先民寻找确定性的伟大尝试，也是先民们亲缘格局的充分体现。周易古经的文本形成从殷初至汉初，经过了差不多两千年的提炼总结，对于它里面的思想内涵不能低估，但是我们仍然要注重卦爻辞出现的语境和情境，避免滥解。我们要做到的是尽力还原殷人及其遗民的生活方式、思想境界，从而导致对周代以来两千多年道统的重新估价。无善无恶心之体，对传统道德的彻底反叛将奠定亲缘格局论的根基。

新解五原则：

1. 象是易的基础，不可不用，但也不必滥用。特别是汉易互象、大象、半象以及正覆象的概念，只在个别情况下可用于卦爻辞的注解。

2. 由于乾坤为主体，相互交织作用在每一卦中，导致每一爻皆可变，当然最可能出现的是一爻变。依据朱子和高亨总结的变卦法（实际上是爻变法），大大增加了一爻变的概率，也就是增加了确定性。见朱子《周易本义》和高亨《周易古经今注》。

3. 我的爻变法建立在朱子变卦图的基础上，又有所创新，也就是以乾坤为基本正伏卦，乾坤一爻变（五爻变）、二爻变（四爻变）、三爻变之后导致三十二对正伏（或称反对、幽明）象的卦，从而实现对六十四卦的重新排序。新的序列最大的好处是实用，而且更有利于说明乾坤并建、姤复同体、临观与求、恒益永生的哲学理念。其中暗含陈抟“反而为二，对而为四”，一卦通四卦的说法，而以正伏象为主要原则。传统卦序以正反（覆）象为排序原则，如错综、变覆之类，都是囿于原来的排序，而取象被迫多样化以适应它，从而使得易学烦琐，让学者无所适从。

4. 爻正位以及一和四、二和五、三和六爻相应的概念可用。既济是唯一的全爻皆正，而且一和四、二和五、三和六爻相应的卦，所以各卦及爻变的最高目标是既济。依据是虞翻之易学精髓，见《周易虞氏义笺订》。因为这个理念是道家水火既济养生法的基础，是传统易学的精华，所以我甚为看重。魏伯阳《周易参同契》的义理也都出于此。虽然炼成道家功夫的人微乎其微，但我年轻时就见到过鹤发童颜之道人，不能不信。我把它作为中华文化的实用功夫，有待发扬光大。

5. 卦爻辞中的人、物、事、理与象融为一体，是易学的特色，也是构成我总结的亲缘格局概念的基本要素。万象更新，说明的就是始终和我来面对的人、物、事、理，经过与我的交互体认，有缘来相认，无缘不入心，不断重构我的亲缘格局。这是新的哲学，虽然亲缘格局论最初并不是易学带给我的灵感，但是经过朋友的启发，我把它建立于易学基础上，可能根基会更牢一些。

第五　康德的主体、亲缘格局论的个体和区块链思维

康德的主体意识被认为是卢梭思想的化身，是法国大革命启蒙思想的总结。自由是人的本质，自我意识决定于人的本质，自由意志是通向无限者、无条件者（三种理念——灵魂、世界和上帝）的桥梁，但是康德也清醒地认识到，无限者、无条件者是最终无法通达的，只能逐步地靠近。人为自然立法，感性、知性和理性各有不同的作用，理性（其产物就是理念）更多地来自于信仰的力量。信仰激动人心的结果就是革命，摧毁旧制度的大革命。

康德是精神上的巨人，他倡导的主体性不仅是认识上的，更重要的是实践主体。他仰望星空的同时产生了巨大的道德力量，内心充满了对世俗社会变革的期望。他把灵魂、世界和上帝无限地往远处推，而把人自身的力量解放了出来。黑格尔试图用绝对精神的运动解决康德面临的难题，也就是所谓四个“二律背反”，但事实证明，这些“二律背反”是永远存在的，人类思维要超越它是不可能的，除非把它交给外星人。

亲缘格局论的个体消解了传统哲学的主体概念，用人、物、事、理放在一个逻辑平面上来认识，自我意识的选择性吸纳成了亲缘格局不断重构和提升的动力。我不能肯定这个尝试一定会成功，但毕竟从哲学史上的教训来看，这样的做法是值得一试的。在我看来，黑格尔的哲学努力是十分艰苦的，他把人、物、事包容在“绝对精神”（理）之中，从历史进程的角度做了生动的演绎，然而，他的继承者们如马克思认为他把真实的世界搞颠倒了。佛家的做法是

把人、物消融到事里，具体的东西都成为了“空”，剩下的只是因缘和合，世界成了若干关系维持着的幻象，所谓“事理无碍、事事无碍”成了没有着落的说理。马克思的实践看起来和真实世界的人、物、事、理是关联着的，然而，实践主体在应用于具体科学（政治经济学）的过程中，也不免会沿黑格尔的老路，以理统摄一切人、物、事，从而出现过于抽象而偏离现实太远的情况。

现代互联网技术实现了人与人、人与物的便利连接，从而对事（信息）的把握也变得十分便捷。结合区块链技术即将带来的对于传统社会和金融的变革，我在哲学思考中乐观地认为逻辑思维也会发生相应的变革，也就是说，以理统摄一切人、物、事的做法不适合于这个新的时代了。“我”面对的人、物、事、理将会被即时记载到互联网的环境之中，从而不断改进“我”的亲缘格局。在这样的一个时代，也许个体的地位将更多地体现为法律地位，体现在“我的数据我做主”的区块链体系中。接下来会发生的是什么呢？个体之间的契约也将以区块链智能合约的形式得到履行，个体和企业的信用将逐步取代国家的信用。承载着具体的人、物及其关系的社会和金融方面的事与理，不改变恐怕也不可能了吧！

第六　试论区块链应用于养老金融领域以及推出“养老币”的设想

笔者近几年考察了十几家养老机构，结合人们普遍关注的养老金融问题，利用区块链的原理进行解析，得出了一些有意思的论题。养老领域的工作可以说是细分性最高甚至可以说是要求近乎严苛，所以习惯于粗放式经营的养老机构往往陷入了“费力不挣钱”的困境，而那些高端养老机构又使普通中等收入家庭感到可望而不可即，这些都给养老金融的发展带来了很高的要求。从当前技术发展的情况看，区块链金融有可能会带来养老金融深化的机遇，整合国家、机构、个人及家庭多方面资源用于推动养老金融向纵深发展势在必行，而鼓励各种机构推出“养老币”，可能是国家养老保险、机构人寿保险等当前主流养老金融之外的一种积极补充。如果推行顺利，有可能在数年后形成“养老币”的交易市场。民众持有“养老币”，既是对国家、对养老事业曾经做出贡献的荣誉证明，也可随时随地用于自身和亲友购买养老服务。

一、区块链技术追踪对于金融领域的意义

区块链技术有可能使我们得到一种认知现实经济和市场基本属性的新的思维方式，是有可能从根本上改变互联网金融属性的技术。“区块链追踪意味着能够统计所有参与方对系统的贡献，无论是多么微小级别，无论是否需要上升到宏观层面，都可能以无缝、自动化方式进行评估和总结，因为在一些社会价值体系中是完全无法明确跟踪用户贡献的。例如，可以在所有时间内跟踪其软件代码，记录其中某一行是谁贡献的。这很重要，因为所有系统内的经济理

性参与方（例如人类）都需要评估它们的贡献，然后根据它们的贡献来回馈酬劳、名誉、地位或者其他奖励。”[1]这里说清楚了区块链技术整合的大数据和以往大数据分析的根本不同点就是，区块链技术整合的大数据是交互生成，系统内所有经济主体参与，而且由个体私钥掌握，对个体贡献是可以进行奖励的，而以往的大数据分析则是个别行业内的数据，而且往往是个体被动参与、个体隐私难以得到保障，个体贡献也得不到明确的奖励。基于区块链技术有可能实现的价值互联网是革命性的，“在未来，自动市场可能支持对现实世界中的资源分配进行限价单交易和程序化交易。”“在未来能够自动运行，自己拥有自身产权的资产，可能把它想象（成）一辆自己拥有产权并能自动驾驶的汽车。自我导向的资产能够自动连接到互联网上获取信息来评估动态，然后雇佣自己为自己的需求进行交易，就像 Uber 现在所做的那样能够寻找潜在的客户，能够根据自己的规划来预测油价的变化进行对冲，最终在他们使用寿命到期时自动退休——简单地说，就是能够完成各方面的自治操作。”[2] 综上，我们将把区块链技术在金融领域内的应用奠基于对个体（某个个人或某个企业）的金融行为、金融品质及其资产、信用生成过程的追踪记录，从而推动金融创新向个性化、精细化、自我管理的方式纵深发展，从而从根本上改变以往金融行业以信息不对称挣钱、粗放式经营、追逐暴利的特征。接下来的研究试图说明，整合大数据之后展开的区块链金融应用将极大地推动养老金融领域的创新。

① 梅兰妮·斯万：《区块链：新经济蓝图及导读》中译本，新星出版社，2015 年，第 91 页。

② 梅兰妮·斯万：《区块链：新经济蓝图及导读》中译本，新星出版社，2015 年，第 80 页。

二、收入、财富、生存价值与养老金融

在展开我们的论题之前，还需要对养老金融的特点或者说本质做出分析。养老金融涉及的主体包括个人、家庭、养老机构、金融机构、社会公益机构和国家等。我们的观点是，只有着眼于养老行为个体的真实需求和感受，着眼于个体财富的积累和传承，着眼于养老期间个体生存目标的实现，才能把养老金融的特点和本质说清楚，而这也是我们要将区块链新技术引入养老金融的根本原因。

养老行为个体的真实需求和感受的满足，就是费雪《利息理论》开篇所言的收入："收入是一连串的事件"，"一个人的收入有三个连续的阶段，享用收入或精神收入，这是由满意的感觉或体验所构成的；实际收入，这是以生活费用来衡量的；货币收入，这就是一个人所得到的货币，用来支付生活费用。"[①] 俗话说，老人要像小孩一样哄着，说明老人的行为有"任性"的特征。当然，老人毕竟不是小孩，他们仍然是具有理性的个体，他们的历史经验和理性认识各不相同。这就要求养老机构和金融机构对老人的各种思想、行为和习惯做出精细化的描述和分别[②]，从而使老人在消费养老机构和金融机构提供的产品时，使有限的货币（包括我们本文提出的"养老币"）付出得到的是最大化的效用。

一般来说，处于养老阶段的老人不再创造和积累财富，而主要是用以往创造和积累的财富来生成养老期间的收入，用于个体真实需求和感受的满足。基于中国千年文化传承的影响，老人以往创

---

① 欧文·费雪：《利息理论》中译本，商务印书馆，2015 年，第 3 页、第 10 页。

② 近代以来中国社会发生的若干重大变化，以及近年来人均寿命的普遍提高，使得各个历史时期的人们聚集在了一起，呈现出个体经验和行为颇为复杂多样的局面。所谓 30、40、50 后，与即将成为养老群体主力的 60、70 后，思想观念、行为习惯和历史经验都很不一样。

造和积累的财富往往又不能全部用于自己养老，而总是想留出一部分用于子女或家族的财富传承。虽然绝大部分老人仍然需要居家养老，也更希望居家养老，但是“421”甚至“8421”家庭的普遍出现，居家养老的人力成本剧增，年轻一代客观上已经难以胜任家庭赡养的负担。由于个体财富积累的程度大相径庭，而每一个体还都有财富传承的期望，但是客观上多数家庭在未来十年以后都可能要将老辈人积累的财富更多的部分用于老人养老，这就决定了中国养老金融的复杂性更有甚于西方发达国家的养老金融。

虽然个体的生命最终会终止，但是只要活着，养老个体的养老期间生存目标也是多样化的。随着人的预期寿命不断延长，养老时间段的长度甚至有可能超过人们工作的时间段，“人们不仅追求欲望的满足，更向往着多姿多彩的人生经历。”“一旦目标确定，就有着毋庸置疑的价值，与个人的生活水乳交融、难分难解。”“一旦身处局中，此时此刻，实现目标即成生存之意义。更有甚者，不管是比赛，还是人生舞台，社会都为之提供了源源不断的推动力。当然，也有人崇尚‘采菊东篱下，悠然见南山’的独居意境。”[①]奈特的这些经济学家罕见的文采飞扬的句子，用于说明养老期间人们的目标、行为和价值取向十分恰当。人老了并不是等待死亡，特别是有一定财富积累的中产阶级更是向往多姿多彩的老年生活。从发达国家和中国的趋势看，不少老年人已经不再满足于简单的生存，而是对养老生活的品质要求逐步提高，他们讲究个性化服务、个人隐私的保护以及个人自由主导，更加追求精神愉悦、追求新知识和新享受，更加积极地和现实社会保持密切的接触，总之就是更加重视老

① 弗兰克·奈特：《风险、不确定性与利润》中译本，华夏出版社，第45页。

年期间生存价值的实现，这些都是养老机构和金融机构需要考虑的重要因素，是最有可能产生经济利润的地方，也是区块链技术可以大显身手的所在。

以上说明，养老行为个体的复杂性决定了养老机构和金融机构在设计产品的时候必须做到精细化，而区块链技术的可回溯、不可更改和全过程记录的特征，对于行为个体的精细化研究提供了可能。区块链技术对于来自相关各个方面大数据的整合，将有助于对个体思想观念、历史经验、行为习惯、财富传承状况及生存目标意愿等进行分析和归类，以便于养老机构和金融机构设计精细化的产品，满足老人个体的真实需求和感受，使老人们感到“物有所值”甚至“物超所值”，与此同时，国家相关机构也可以根据这些数据分析，对养老机构的设立和规模设计，对社会保障基金的投资使用，对养老金的精准发放，等等，都可以逐步加强精细化操作，这些都将从不同侧面极大地促进养老金融的发展。

我们认为，在养老经济和养老金融问题上，有必要坚持贝克尔的人类行为经济分析，将涉及的相关各主体都纳入经济分析的视野内①：一是不能像以往那样，政府把养老当成福利加市场，养老机构和金融机构也就拼命利用政府所能给的有限的“福利”，其实都是出于短期行为的利用，是不可持续的；二是要拓宽养老行为个体的范围，让人们从年轻时就开始关注养老事业，同时也为自己及家人的

---

① 加里·贝克尔《人类行为的经济分析》中译本：“人类行为不能被条块分割，这种条块分割认为人类行为有时基于最大化，有时不然；有时受稳定的偏好驱使，有时受随意的动机摆布；有时需要最优的信息积累，有时则没有这种需要。相反，人类行为均可以视为某种关系错综复杂的参与者的行为，通过积累适量信息和其他市场投入要素，他们使其源于一组稳定偏好的效用达至最大。”三联书店，2008年新2版，第19页。

养老做各种准备，重点就是参与养老金融；三是要把养老作为带动医疗大健康、文化旅游乃至整个金融行业向纵深发展的重要产业，而不是把养老当作纯粹消耗社会资源的福利事业。

由于缺乏整体性的经济分析，缺乏对产业链上各个主体经济行为的深入理解，也就对社会相关的资源利用不完全，从而出现大家都看着未来至少二十年内养老产业空间十分巨大[①]，但是却没有多少实力强劲的资本愿意进入的尴尬局面。资本进入的困难导致了养老机构及其服务的稀缺性明显，如果不解决好发展的瓶颈问题，势必在未来十年后供需矛盾严重失衡。在如此尴尬和矛盾的局面中突围，必须要有崭新的养老金融思路。随着区块链技术不断应用于经济金融领域，可能会有助于打通养老金融相关的各个环节的资源和信息分割，促进全社会都以新的方式来关注和培育养老事业，特别是可能会促进社保基金、住房公积金、商业保险、养老产业基金等产生协同效应，促进医疗和养老结合、旅游文化和养老结合、地产物业和养老结合等行业融合局面的形成。

三、区块链记录个人人生档案和家庭状况为养老金融奠基

由于人均预期寿命的不断延长，想要较高养老人生质量的人们至少要提早二十年布局养老金融。也就是说，这些注定要向公共资源寻求帮助的人，要提早二十年把自己以及家庭的各个方面的情况都几乎

① 国家统计局发布的数据显示，2015 年中国总人口超过 13.6 亿，其中 60 周岁以上老龄人口超过 2.1 亿，占总人口的 15.5%，65 周岁及以上人口 13755 万人，占总人口的 10.1%。这两项指标都超过了国际上公认的人口老龄化的“红线”。这实际上标志着 50 后已经正式进入养老阶段，随着 60、70 后的逐步加入，预计 2030 年全国 60 周岁以上老人将占总人口比例的 30% 左右，再加上我国平均预期寿命已经由 1960 年的 43 岁提升至 2012 年的 75 岁，今后仍将持续提升，养老产业的市场空间将出现难以遏制的爆发性增长。

毫无保留地让金融机构知晓。有意识地建立自己的人生档案，在区块链上贡献数据越多，对数据本身的积分奖励（养老币）积攒也越多。由于给金融机构提供了延续二十年以上的可信证据，并且各方面状态保持良好，信用积累可能越好（对养老币有倍增效应）。

区块链的全过程记录，有利于金融机构精细化的操作。金融机构会跟踪你和你的家庭成员的健康状况、你的资产负债状况、你的消费行为和交通行为等，从而适时对你的人寿险保费、车险保费进行调整，减少或提高你的消费贷款的利率，他们还会不遗余力地为你的子女做教育成长金融规划，做你的慈善信托和家族信托，等等。

区块链的全过程记录，也有利于养老群体的细分。不同家庭出身、学历和社会经历的人们，不同消费行为和资产负债状况的人们，肯定会对养老方式提出不同的要求，有着不同的期望。比如，知识分子一般不大合群，喜欢讨论学术或政治问题，喜欢每天都有时间可以安静地读书或写作。老兵一般喜欢群居，精力比较充沛，喜欢每天有时间锻炼身体、干些体力活。干部喜欢组织活动，喜欢开会，继续表现自己的领导能力和演说技能。

为什么要用加密后的数据？一是自己掌握着私钥，可以保护自己的隐私，不让与己无关的金融机构或别有用心者获得数据；二是不能更改，避免私人和金融机构内部人员串通，产生任意减免保费、降低利率等舞弊行为；三是可以追溯，让养老机构更好地了解你过去的行为习惯，以便提供更具针对性的养老方案和护理方案。

对家庭情况以及拥有住房状况的区块链记录，还将有助于“以房养老”金融产品的推广，可采取售后回租、收拢后统一出租等多种方式，同时也防止出现子女私自卖房或出租房屋等纠纷。

四、区块链整合大数据资源为养老金融精细化操作提供了可能

区块链对与养老个体行为相关的大数据（如家庭资产负债、个人健康数据、消费行为数据、交通行为数据等）做有效整合，对不同地域、不同消费习惯和行为习惯的养老人群进行精细化分析，有助于金融机构对投资养老机构更加精准。比如养老社区的规划，床位和房间的规模，医养结合的模式乃至养老医院科室的分布，护理人员的安排和培训，等等。

不同地域气候情况的变化，不同的消费行为和资产状况，对于养老人群的护理和照料提出精细化的要求，也为异地候鸟式养老、房车旅游式养老乃至游艇迁徙式养老等新的养老金融提供了发展机遇。为了使投资这些新型养老模式的机构更加精准有效，有必要利用区块链技术建立交互式移动平台，适时追踪投资项目的运行状况、养老人群的活动场景等，增强项目的现场感，吸引更多的投资和养老人群的加入。

国家养老金和养老机构补贴的精准发放，对养老金融的扶持也要精准到位。用于这些领域的大数据不能像前些年扶贫县、扶贫人口数据那样任意地改变。对于养老机构和养老金融机构的补贴也要利用区块链技术实施定向追踪，也可以用“养老币”实施奖励。

五、养老金融和国家经济发展改革的配合

区块链记录房与人。养老金融的一个重要支柱是民众拥有产权的房产，区块链的记录进一步加强了房地产交易的透明性和便捷性，从而有利于国家房地产去库存战略的实施，可选择有利于养老

人群居住的地域和房产过剩社区做去库存的文章，大大拓展养老机构的可利用资产。

区块链记录关于企业成长过程的“事”。上市公司成长过程坚实加上有效的信息披露，将增强投资者和金融市场的信心，从而有利于增加居民投资的收益。当前社保基金、企业年金以及保险资金的持续入市场景正在生成，投资者收益当然也是民众养老金融的重要组成部分。美国的养老基金就是金融市场长期稳定的重要基石[①]。

“区块链政府”[②]彻底改变政府办事方式。“区块链政府”将导致的变革是全方位的，有可能推动全社会各种社会格局的运行成本的降低[③]。因此，养老事业的整合成本会降低，养老社区将更有活力，养老机构将注入各种新生力量并激发自生力量的增长，进而推动养老金融的多样化创新，慈善养老和家族信托等也有望出现爆发式增长。

---

① 按照OECD的分类，可将机构投资者分成投资基金、保险公司和自主养老基金（即私人养老金，针对政府的公共养老金而言可自主投资）三大类。在三大类机构投资者中，差距最大的就是养老基金部分：美国2013年养老基金资产在三大类机构投资者中最高，达16.89万亿美元，恰和当年GDP相当，可谓“富可敌国”。美国的养老基金总资产是中国的55.8倍，投资股市比例高达50.7%。养老基金在美国的资本市场中起到了中流砥柱的作用。美国的资本市场能够快速收复次贷危机的失地，以投资基金和养老基金为代表的机构投资者作为中流砥柱，是一个重要因素。关于机构投资者对资本市场的影响研究此前已经有不少成果，发现养老基金资产的数量对股票市场的深度、流动性，以及私人债券市场的深度均有正面的积极影响，且明显影响不同国家的金融发展水平。私人养老基金资产与资本市场之间存在很强的正相关性，特别对欠发达国家，养老基金资产对长期资本市场流动性具有正面影响。

② 梅兰妮·斯万《区块链：新经济蓝图及导读》中译本，新星出版社，2015年，第110–120页。

③ 对于制度改革的成本收益，科斯曾有过精彩的论述：“当在各自为改进决策的前提下，对各种社会格局进行选择时，我们必须记住，将导致某些决策的改善的现行制度的变化也会导致其他决策的恶化。而且，我们必须考虑各种社会格局的运行成本（不论它是市场机制还是政府管理机制），以及转成一种新制度的成本。在设计和选择社会格局时，我们应考虑总的效果。”R. 科斯等《财产权利与制度变迁》中译本，上海三联书店、上海人民出版社，1994年新1版，第52页。

六、关于推出“养老币”的若干初步设想

根据以上阐述，我们提出鼓励养老机构和金融机构推出“养老币”的若干初步设想。

初始阶段：

1. 愿意“以房养老”的人群，可以在养老机构或金融机构（银行、保险、信托均可进行这项业务）在区块链上登记其房产情况，由机构根据其房产价值或出租价格按月发放“养老币”（其等值的资金价值也用区块链记录），用于购买养老期间的食宿、护理、医疗和旅游等各项服务。在此期间房产交由机构出租获得收益，按照老人意愿可随时终止，也可随老人生命停止而终止。终止时做出清算，区块链上记录的每月房产收益之总值扣除“养老币”价值之总值，结余可由老人后代继承。

2. 养老机构对于购买其鼓励的新型养老服务（如房车旅游、医养结合产品）的，可加大“养老币”发放和奖励力度；对于提前购买服务的，也可加大“养老币”发放和奖励力度。养老机构和医疗、旅游、金融行业的相关企业可组成战略联盟，推动“养老币”的发放和消费。

3. 部分企业的企业年金可以替代为养老机构和金融机构合作发行的“养老币”，特别是实行员工持股的企业。员工持股可以在一定期限内转换为“养老币”，由企业或其他员工购回其股份。

普及阶段：

1. 年轻人和社会公众到养老机构做志愿者，每次可获得少量“养老币”。但由于人数众多，可有力推进“养老币”的发放。

2. 年轻时有经济能力者对养老机构做出捐献，可根据捐献金额

多少为其发放一定数量的"养老币"，或者给其指定的人发放"养老币"。

3. 年轻时候提前布局自己的养老规划，购买人寿保险等，可以由保险机构根据其学历、家庭情况、健康状况以及购买寿险数量等为其发放一定数量的"养老币"，这是在寿险之外带有奖励性质的，与寿险的保障条件互相不排斥。其他金融机构也可和养老机构合作，推出类似功能的"养老币"。

成熟阶段：

1. 养老机构的声誉获得社会公众认可达到一定的程度，并取得金融机构的履约保证，就可以大量发行自己的"养老币"，筹集用于养老基础设施建设的经费；社会公众购买的"养老币"，可用于购买该养老机构提供的服务，等"养老币"市场形成后，也可用于交换其他机构发放的"养老币"。

2. 国家给每个社会成员都会在其65周岁以后每年发放一定数量的"养老币"，数量的主要依据是纳税情况、服兵役情况、为国家做出某种重大贡献情况以及各个省份之间养老金严重不均的情况[①]等。

---

① 现在只有少数城市和地区对某些养老机构数量不等地发放补贴，或者给予水电煤气费的减免，从全社会角度看，缺乏公平性。再以企业年金为例，目前企业和职工参加城镇基本养老保险的缴费28%，负担非常沉重，严重挤压了企业年金的发展空间。美国由雇主和雇员平均分担的社会保险税（养老、伤残和遗属保险），仅为工资收入的12.4%。有的专家提出，如果以此为参照系，当前城镇职工基本养老保险的缴费率可以大幅降低，这样才能调整养老保障制度结构，从而拓宽企业年金发展的制度空间。降低基本养老保险缴费率还有助于提升一些效益相对较差的企业及其职工对于企业年金的需求，从而改变目前企业年金市场实际上沦为"富有企业员工俱乐部"以及主要是垄断行业与企业享受企业年金税收优惠政策的尴尬局面。但是如果真的降低基本养老保险的缴费率，有的省份养老金大量亏空的情况会更加恶化。在普遍降低缴费率的同时考虑推出可以在全国通用的国家"养老币"，将在一定程度上缓解有的省份养老金严重入不敷出的困难。

这种“养老币”可用于购买一切养老机构的服务，包括社区养老、居家养老，以体现国家对所有公民的公平性以及对国家曾经做出贡献的奖励。同时，这种“养老币”具有稳定“养老币”市场币值和平衡各机构“养老币”币值的作用。

最大的问题在于流通，什么时候才能达到可以流通的程度，操作层面要好好考虑一下。首先最需要的是在国家政策的支持至少是默许之下，知名养老机构和金融机构展开战略合作，因为“养老币”信誉的基石是养老机构提供的养老服务质量，而养老服务的质量在很大程度上又依赖于养老金融服务的深度和广度，说到底就是依赖于金融机构的积极配合。事实上，推行“养老币”到实现全流通的时候，一定会在很大程度上促进养老机构和金融机构互利共赢机制的实现。其中最关键的是，“养老币”将激发全社会各种主体参与养老服务和养老金融的积极性，从根本上激发全社会“向孝”“向仁”“向善”的良好氛围的形成。

（此文部分内容在正文部分涉及，为保持文章完整，故保留。《银行家》杂志、北大《原富》电子刊物曾刊载此文，特此致谢！）

第七 从金融资源分配的合理性看区块链数字资产的革命性

读过西方经济学教科书的人都知道，经济学的核心论题是研究稀缺资源如何配置得具有效率，以及由此更好更快地推动经济增长的问题。长期以来，对教科书的迷信使我们对此说法想当然，但是在多次金融危机之后，金融资源分配极端不透明不公平的问题越发凸显，特别是在当前中国经济也陷入泥淖之时，我们不禁要提出一些疑问：资源在什么情况下才是“稀缺”的？作为最关键的也是“稀缺的”金融资源的配置按照以往市场经济的理念真的能有效率？资源（特别是金融资源）分配的合理性（从人性和制度等方面重新认识其合理性）是否更有助于经济平稳增长进而提高经济增长质量？

以上疑问要解释清楚并不容易，本文的论题集中在以人为本的数字资产和区块链金融的突破口上，所以要拿出一些“武断”的结论[①]做支撑：我倾向于认为，在金融资源在全球范围内的可获得性大大提高的21世纪，在像中国这样经济增长的前景仍然可期待、国土辽阔、人口众多、自然资源比较丰富的国家，再加上科技的进步和国际贸易的通畅，资源的“稀缺性”几乎可以忽略不计；经过三十多年的高速增长之后，目前我们国家更加注重经济增长的质量，因此，资源配置的效率这个问题的重要性明显降低了。与此同时，随

① 对“稀缺”资源问题希望另文分析，或请同道中人探讨。

着中国市场经济的发展，各种资源（土地、矿产、人力、技术、机器设备等）的货币化进程已经完成了，金融资源日益成为最关键的资源。金融资源分配的合理性正在引起越来越多有识之士的关注。

我在多年研读马克思和凯恩斯的经典著作之后，认为柳欣先生[①]研究马克思、凯恩斯二人的货币和资本理论的思路是对头的，虽然他的一些具体观点我并不完全认同。我的想法是，马克思和凯恩斯对金融资源分配及其后果的探讨都是基于他们对人性、资本主义社会关系和制度的清醒认识，他们的理论观点是一脉相承的。在马克思、凯恩斯二人的理论基础之上，深入研究中国当代金融资源分配的合理性问题，我提出基于新的哲学观念的“数字资产”，并结合理论界和投资界当下正在热烈探讨的区块链金融，有可能会得出一些有意思的观点。

一、马克思、凯恩斯关于金融资源分配及其后果的基本观点

马克思对商品价值和劳动价值的探讨是对斯密和李嘉图学说的继承，其本身并没有太多新意，马克思的目的是引出剩余价值的概念。马克思断言，价值增殖来自于剩余价值，而剩余价值又只是来自于工人的劳动，工人受到资本家的残酷剥削。马克思认为，在资本主义生产关系中，工人和资本家同时遭受了异化，工人为了本人和家庭成员的生存不得不无休止地出卖自己的劳动，只拿到资本运动中的极少部分，只能满足基本生存需求的消费；而资本家在资本增殖的动机和竞争压力之下，也并不会敞开消费，他们在工人身上

① 柳欣《资本理论》，人民出版社，2003 年。

榨取的剩余价值基本上都用于投入到再生产和资本积累之中，他们的人生价值就在于看到货币和资本数量的不断增长。马克思的观点是资本主义早期社会的反映，工人得不到任何金融资源的帮助，而资本家也大多不是借助于外界金融资源的支持，而主要靠自身资本积累来推动再生产。

对马克思的思想观点，我们可以用经济学的语言做一些改造和延伸。

1. 由于资本家人数少，他们榨取的剩余价值不是用于消费，可以认为全社会的消费主要是工人完成的，也就是：$C=C_0+W$

（C_0是前期消费延续到即期的部分，W是即期工资）

2. 资本家榨取的剩余价值都用于再生产和资本积累，也就是：$I=I_0+\pi$（I_0是前期投资延续到即期的部分，π是剩余价值）

按照马克思的思想，C和I是很难实现平衡的，因为（C_0+W）基本不变，维持在最低水平，而（$I_0+\pi$）则像滚雪球一样越滚越大。群众的贫困和消费不足，是资本主义经济危机的根源。

但事实上，资本主义社会的发展有了新的情况。工人工资保持了和经济增长的同步，工人利用金融资源的能力也不断提高。工人拥有股票、房地产贷款和消费信贷在十九世纪的欧美已经很普遍了，消费能力当然也在不断提高，中产阶级的数量不断增长。而随着服务业的发展，资本家用于机器设备的投资有所减少，资本家各种消费占总消费的份额反而提高了。

凯恩斯对财政金融部门和资本市场的实际运作非常熟悉，这种经历不仅使他超越了古典经济学家，也超越了马克思。凯恩斯没有直接承认他和马克思的学术继承关系，只是偶尔提到马克思所谓“不入流”的理论贡献[①]。事实上，从马克思的观点可以推论出，随着资本积累的不断增多，有效需求必然不足，而且在很大程度上会出现资本有机构成提高而利润率下降的趋势。只不过凯恩斯更多地使用了经济学的语言和逻辑分析，他没有强调阶级对立，只是含糊地说富人的边际消费倾向较低；他没有讲什么资本有机构成，而是讲投资引诱和资本边际效率的递减趋势。凯恩斯提出的资本边际效率、动物精神、信用状态等，对经济发展的过程本身说得清楚，也得到了普遍的认同，而且其理论扩展性很好，不同学派的经济学家都能从凯恩斯引申出自己的观点。“资本边际效率”和“动物精神”展示了资本家对风险的认识和自觉把控，“信用状态”分析了资产拥有者主动负债的资格和即期、预期的市场环境，这些都是金融资源分配中必须考虑的复杂内容。他主张食利阶层应逐渐消失，表明了他关于金融资源的分配应有利于提高有效需求和收入分配相对公平的观点。

凯恩斯明确把货币作为流动性最好的资产，并把它纳入到具有流动性溢价的自有资产的范围中。他用资产预期总收益 Q−C+L[②] 这一简明的表述讲明了企业现金流、资产预期收益和负债成本以及资本化过程，特别是对流动性溢价 L 的描述说明了金融经济环境中资

① 凯恩斯《就业、利息和货币通论》。

② 参见凯恩斯《就业、利息和货币通论》。Q−C 是资产的准租金减去存有成本，L 作为自有资产的流动性溢价。

产价格变动的生动性和复杂性[①]。流动性溢价对投机行为的分析很到位，从而也更好地说明了人们攫取金融资源的主动和贪婪。凯恩斯的《通论》说清楚了经济危机的根源是有效需求不足，而经济波动在于动物精神和投机行为，他开出了国家金融资源介入的药方，但是他没有明确指出国家机构是由具体的个人和小集团组成的，他们的利益诉求使得金融资源会以国家信用的名义被滥用，导致了金融资源更加不透明不公平的分配。其结果是，20 世纪下半叶以来，金融危机更加频繁地发生，而且力度越来越大。

二、市场经济社会各种金融产品的推出覆盖了对人性的全面考量，但金融资源作为公共资源不可避免地一再被滥用

人性中的诸多优势和弱点，都在各种金融产品的设计中得到了反映。比如及时行乐、借将来的钱投资于自己和家庭的成长，催生了消费金融；长期预期和赌性催生了股票市场；对确定性的追求催生了资产抵押得到银行贷款；对未来风险的抵御催生了人寿、财产保险和家族财产信托等等。市场经济社会中的各种金融产品立足于私有产权和人性的考量，设计很到位，甚至可以说很精致。既然如此，随着各种金融产品的市场应用和拓展，金融资源的分配应该会逐渐趋于合理的，但是为什么金融危机却一而再、再而三地发生呢？

金融资源是一种特殊的公共资源（自古以来就是这样），大家

---

① 比如中国当前宏观经济萎靡，房地产“去库存”不仅不降价，反而在若干一、二线城市掀起了一浪又一浪的涨价，涌现出一批新的“地王”，简单分析就是拥有金融资源的那些单位不在乎负债的成本 C，他们把房地产的流动性溢价 L 看得很重。

是出于信任这个金融机构才把钱聚集到这里来，肯定都是希望得到一定的收益，这是原始的存款和贷款。后来国家要发行债券，国家背书的地方债、企业债和金融债，等等，都属于国家信用支撑，所以它肯定是一种公共的资源。从经济学的角度来讲，只要是公共资源肯定是供不应求的，供不应求永远是常态。就像2008年中国政府发行了4万亿（肯定不止4万亿了，又加上地方政府平台的、银行贷出来的，实际上4万亿有可能扩展到若干倍），这么庞大的货币冲出来以后，应该说货币是供过于求了，但是为什么从2008年到2013年的这几年时间，利率不降反涨呢？而且涨得非常厉害，这就是一个非常值得大家思考的问题。供不应求的原因就是有一些机构、企业攫取了大量的金融资源（那段时间资金掮客满天飞），而且大量的中小企业没有得到这些资源，所以从这个现象来讲还是供不应求。在央行控制信贷额度之后，各个金融机构又发明了所谓“通道”，本来还是银行和储户的钱，借信托、基金子公司和券商资管计划的通道又出来几十万亿[①]。得到了大量金融资源的人，并不安心于做实业，他利用这些资源又倒腾出来赚取差价，因为很多人急需金融资源却得不到，需要用更高的成本来得到，这就把利率推高了。从历史上来讲（不管是中国还是西方历史上），政府、金融机构都是倾向于滥用公共资源的，无非两点嘛，人都是有自私心，政府、金融机构都是由人组成的。还有一个就是信息是不对称的（区块链可能解决这个问题），拥有金融资源的人专门靠它来赚钱。滥用金融资源最

① 据穆迪测算，2015年中国影子银行的规模达到了53万亿元，占GDP总量的79%。

严重的后果就是通货膨胀、一堆烂账、债转股，还有2015年中国的股灾，都是滥用金融资源造成的。

中国如此，美国也一样。美国1999年废除《格拉斯—斯蒂格尔法案》以后，迅速进入所谓“货币经理资本主义”的繁荣期。美国国家信用对各种金融机构的背书导致了货币经理对金融资源的滥用，房地美、房利美、贝尔斯登、雷曼兄弟、友邦保险等机构不断“创新”的结果是房地产金融产品风险的急剧放大，次贷危机就是这样发生的。

金融资源的滥用后果严重，它不仅会造成极端的贫富分化，而且会造成宏观经济的车轮最终在泥淖中空转，甚至陷入沼泽地里，越陷越深。打一个不一定合适的比方，就是大水漫灌之后，如果它们到达的是干旱的土地，那无疑是天降甘露；如果它们到达的是低洼地，就会被积存起来；如果它们到达的是即将溃堤的河床，那后果就更吓人了！2008年后，美、欧、日还有中国都祭起了货币宽松的利器，到现在为止，只有美国似乎取得了一定的效果，其他国家要么还在泥淖之中，要么陷得更深了。

诺贝尔奖获得者斯蒂格利茨在他的新著《Rethinking Capitalism: Economics and Policy for Sustainable and Inclusive Growth》中猛烈抨击金融资源的不公平分配带来的严重经济和社会问题，他说：过去三十年间，顶层收入人群的收入增长主要由金融部门和非金融部门的增长驱动，而大量证据证明，这两个部门的收入增长，都显著得益于非生产性的食利剥削。金融部门的顶层收入人群剥削式的食利活动，体现在政府对大型银行的担保上。投资者深知大型金融机构在政府的撑腰下不会违约，因此愿意以较低的利率为他们提供资金。他还说：获得了更多垄断利润的“食利阶层”，更容易接触到金融市场、获得银行信贷，而他们得以以手头的“非生产性资产”作为抵押，继续购入这些资产以吹大泡沫。于是，食利阶层的财富越来越多，不平等加剧，资产泡沫也越来越大。泡沫只能短期持续，经济衰退必然到来。这些和中国目前的情形何其相似乃尔！

三、大数据和区块链主导的分配有可能彻底改变金融资源的分配方式，并导致正向激励的革命性后果

以上分析说明，资本主义社会至今没能解决金融资源分配的合理性问题，1978 年以后逐渐建立了市场经济制度的中国也面临同样的问题。在马克思的年代，工人的预算受到严格的限制（只有十分有限的工资，没有其他金融资源的支持），所以只能考虑即期消费，劳动力一旦出售不出去，全家就要挨饿，更谈不上对子女教育的投资和个人的养老医疗保障了。后来随着资本主义的发展，公司股票、房产和消费贷款、人寿和医疗保险等金融资源有所介入，较好地解决了工人及其家庭的生存和发展问题，中产者数量的增加使整个社会的经济结构趋于稳定，但是金融资源被少数人的滥用始终是造成经济波动甚至金融危机的根源。而中产者往往是净值较少的人群，他们的资产主要是股票和有抵押的房产，他们的财富状况最容易受到经济波动或金融危机的严重影响。一场危机过后，中产者返贫现象比比皆是。

互联网极大地促进了信息（数据）的流通，从而促进了信息（数据）的资产化，其特点主要在于：一是打破信息的不对称性格局，竭尽所能公开一切可以取得的信息（数据）；二是对产生的大数据进行整合利用，使得信息（数据）资源的利用效率最大化；三是互联网的群蜂意志拥有自我调节机制。而在2009年横空出世的比特币所催生的区块链技术应用于金融领域，更是有可能使信息（数据）大批量地成为可信任的数字资产。区块链技术整合的大数据是交互生成，系统内所有经济主体参与，而且由个体私钥掌握（可以自主择时交付、定向交付自己的信息数据），对个体贡献可以进行奖励的，经济主体在交付自己信息（数据）的过程也是不断建构自己信用（资产）的过程。更明确地说就是，中产者及其事业所系——中小企业的信用正是在交付自己（数据）的过程中，为自己积累了取得金融资源所必需的信用。区块链技术的可回溯、不可更改和全过程记录的特征，对于行为个体的精细化研究提供了可能。区块链技术对于来自相关各个方面（如个体的购物、交通、通信、医疗、养老护理等）大数据的整合，将有助于对个体思想观念、历史经验、行为习惯、财富传承状况及生存目标意愿等进行分析和归类，便于金融机构设计精细化的产品，金融机构对基于中产者大数据的信用也增强了信心。而与此同时，中产者对于金融资源的取得与利用，直接有助于其亲缘格局的提升。这些造就的都是正向激励的革命性后果。

基于区块链技术有可能实现的价值互联网是革命性的，索罗斯在《金融炼金术》一书中提出的“反身性金融”有望正式登场。我们将把区块链技术在金融领域内的应用奠基于对个体（某个个人或某个企业）的金融行为、金融品质和资产及信用生成过程的追踪记录，从而推动金融创新向个性化、精细化、自我管理的方式纵深发展，从而从根本上改变以往金融行业以信息不对称挣钱、粗放式经营、追逐暴利的特征。区块链金融市场的培育将导致以下变革：

精准描述个体金融行为，促进金融服务个性化；

分布式，去中心化导致以大欺小难以实现，参与成本降至最低；

信息对称使金融中介敲竹杠（holdup）成了无意义的无赖行为；

细分行业、相对封闭、基于资产价值形成全过程登记的市场使价格波动减缓，至少不引发大的金融危机；

竞争有限度，以免“孤注一掷”（Go for broke）行为频繁发生；

大量交易且十分便捷（目前已有互联网网购、支付以及消费信贷奠定的基础）。

数字货币和数字资产带来深刻的金融思维变革，从而带动金融资源的普惠化。费利克斯·马丁论证到，把金钱看作是一个“东西”——或者是商品，或者是贵金属——就错过了这一发明所释放的强大的文明建设力量。他把金钱叫作“社会技术”，“货币本身不是金钱。金钱是以货币为表象的信用账户和结算构成的体系。”以上是保罗·维格纳在《加密货币》一书中引述的[①]。保罗·维格纳评论道，“这样设想的话，我们就会看到资金是如何允许建立超越

① 保罗·维格纳等著《加密货币》中译本，人民邮电出版社，2015 年，第 9 页。

部落社会组织的新的组织形式。它提供了一个通用的价值体系，这意味着史前部落社区通过暴力维持的权力结构（不管是谁，只要足够强大，关键是要足够残酷），将让位给那些使所有社会成员获得秩序和繁荣的事物。当财富被定义为对这一新的、抽象的价值度量单位的积累时，它就成了权力的标杆。这彻底改变了游戏规则。”注意，这里的措辞是“所有社会成员”获得秩序和繁荣的事物，金钱（以及它们所附着在其上的资产）不再是暴力维持的，当然也不再是少数人把持的游戏。从此，“金钱将席卷世界，创造各种可能性。”“如果突然整个世界因为想要比特币，政府没办法随心所欲印钞票……”这将是他们改变历史的机会到来了。①

金钱将是“社会技术”，或者说是金融技术所产生的数字资产，这太不可思议了，然而，区块链金融正在一步步向我们走来，给中产者带来无限的福音，使金融资源的分配逐渐趋于合理，当然也包括哲学观念的转变。我倾向于认为，哲学观念的改变要成为技术革命的先导，不然很可能技术会被官僚或骗子滥用，数字货币“法币化”的说法从根本上违背了普惠金融的初衷。有些人炒热区块链概念，是为了捞一票就走人（像前两年火的 P2P 那样），当然更要引起警惕。

四、数字资产价值对应于共享共生共荣系统内之中产者个体的整体价值，此价值的哲学基础是中产者的亲缘格局

最近三年，我致力于亲缘格局论的哲学研究，并在 2015 年初偶

① 保罗·维格纳等著《加密货币》中译本，人民邮电出版社，2015 年，第 314 页。

然接触到了区块链技术的革命性理念。我深深感到，亲缘格局论很有可能跨越中西方文化的鸿沟，在中国原始儒家和王阳明心学的基础上对海德格尔“向死而生”的哲学智慧进行中国化的改造，从而得到共享、共生、共荣系统内中产者个体的整体价值的思维构架。同时，在区块链技术理念的激发下，我于2016年4月在清华五道口金融论坛提出了城乡一体化金融体系的设想，并用“颐养币”（养老币）把有关民生各个行业（养老养生、医疗、文化旅游、教育等）的数字资产整合起来。同年6月15日，中国股灾一周年纪念日，我推出了个人微信公众号“中产者的亲缘格局”，致力于推动金融哲学的演变。数字资产的全面推出，必然伴随哲学思想的改变，甚至可以说，必须奠基于哲学思想的改变。

数字资产对应的是中产者一生的整体价值，不同于以往经济学关于人的生命周期中挣钱的波峰波谷理论，人的一生都在创造和数字资产对应的价值。如果和亲缘格局论强调的家族传承观念结合起来，则数字资产更是和人的代际传承的财富（价值）相对应。也即，上文中马克思理论模型中的C和I变成了这样：

$C=C_0+W+i\times K(V_1, V_2, V_3, \cdots\cdots)$

（C_0是前期消费延续到即期的部分，W是即期工资，i是即期利率，V_1、V_2、V_3等是各种在亲缘格局中的价值表征，整合在数字资产K内）

$I+K_0(V_1, V_2, V_3, \cdots\cdots)=I_0+\pi+K(V_1, V_2, V_3, \cdots\cdots)$

（I_0是前期投资延续到即期的部分，π是剩余价值，V_1、V_2、V_3等是各种在亲缘格局中的价值表征，整合在数字资产K_0和K内）

上面这个模型实现的结果是：各种在亲缘格局中的价值整合起来的数字资产，将有力地解决中产者的消费、投资缺乏金融资源以及C与I的平衡问题。

人类社会不管是金字塔式结构还是橄榄式结构，上中下三层的分类是始终存在的。我们把本文分析的目标定位在中产者，而不是“中间层”，是出于以下三点考虑：第一，中产者不一定形成了“中产阶级”或“中产阶层”，他们有可能只是零星存在于社会之中；第二，中产者是解决了基本生存需要的人群，他们考虑问题的着眼点是其资产的可持续性、增值性以及代际传承，另外还有一定的受教育水平和精神追求；第三，中产者的理想是“三代培养一个贵族”，他们为了后代提升社会地位而不遗余力，而“中间层”很多人并不具有这样的理想。

一般社会学意义上的中间阶层被认为是社会的稳定力量，他们改变社会现状的意愿不强烈，保守色彩比较浓厚。中产者是中间阶层的一部分，当然也具有这样的特征，但是他们更加看重资产代际传承和后代未来的提升又决定了他们不能仅仅满足于维持现状。也就是说，中产者的亲缘格局总是充满不确定性，虽然他们总是在不断地寻求更多的确定性。

我开始并没有意识到，但是后来不断地强化着这样的认识：“亲缘格局”这个词很可能就是为中产者量身定做的，因为他们着眼于资产的未来，着眼于家庭稳定和家族传承，所以他们比其他人群更加需要维护亲缘，放大格局，仅仅从字面上意思也可以看出中产者与亲缘格局确实有不解之“亲缘”。

亲缘格局中包含着人、物、事、理。每个人作为一个主体——“我”，时刻面对着“我”的世界中的人和物，人和人、人和物、物和物是实体与实体之间的关系，其关系之维持及其中维持之道就是事和理。在中国人那里，情与理永远是联系在一起的，因个体之反躬，“情得其平，是为好恶之节，是依乎天理。”在亲缘格局这一格局中，有实体，也有关系，具有实体和关系之间相关的二重性结构。胡列清说，存在就是“相关”，所谓存在，就是指事物具备二重性的相关结构，反过来说，如果事物具备了相关的二重性结构，那么它必然是存在的。从这样的理解可以说，亲缘格局就是人的存在。

亲缘格局是我从海德格尔哲学与中国传统文化的“亲缘”中总结提升的概念，后来我又发现皮亚杰的发生认识论和怀特海的摄入论可以将亲缘格局的形成过程有所细化。亲缘就是作为个体和主体的“我”在生命历程中涌现在“我”面前的人、物、事、理的关系，这关系可能是欲望的、利益的、情感的（道德的）、理性的（文化的）乃至灵魂的各个方面的关系。格局是与“我”相关的人、物、事、理在“我”生命延续的时间里和“我”共同组成的具有层次和境界的结构。亲缘格局的定义是：与此在（“我”）互动中，能够赋予此在意义或价值的人、物、事、理所构成的格局，即所谓“有缘来相认、无缘不入心”。每个人终有一死，所以存在的时间是有限的，有的在有限中满足，有的在有限中追求无限，这就使得亲缘格局在此在存在的过程中具有变动不居的性质，但是在某一时间段又具有相对稳定性。

无极而太极，无论是显现着的还是遮蔽着的都是存在着的。在亲缘格局中的主客体之分如同“阴阳鱼”之分立，又如同男女之爱恋，其中的价值判断也是瞬间永恒。如上所述，中产者的一生是着眼于未来而奋斗的一生，而在纷繁复杂、风云变幻的社会环境中，他们面临的人、物、事、理有太多的变数，这些人、物、事、理的任何一次较大的变化都可能导致亲缘格局的反身重构。比如，中产者的某次跳槽失败，既会影响到他对资产配置的信心，又会影响到他对自身工作能力素质的价值判断。比如，某次股灾对中产者的毁灭性打击，使负债累累的中产者有可能直接丧失对未来生活信心，以至于跳楼自杀。比如，某个第三者的出现导致家庭解体，中产者财富缩水甚至净身出户，同样也会影响到中产者出现身心俱疲，难以在短时期内恢复元气的状况。

为什么是中产者而不是笼统地说“中间阶层”？因为很多中间阶层不像我们定义的中产者的特征那么明显，他们并不着眼于未来，资产的暂时增减也许会对他们的生活造成一定的影响，但只要还不至于让他们堕落成贫穷阶层或上升成贵族阶层，对他们来说亲缘格局就不会有比较大的改变。

中产者为什么对资产的暂时增减会很敏感？还是那句话，他们对自己、家人以及家族的未来太看重了，资产增减的边际重要性由此凸显。对于贵族阶层来说，资产的暂时增减已经对他们来说不具有特别的重要性，他们反正也是足够丰衣足食的；而对于贫困阶层来说，资产增减的边际重要性也不明显，他们反正也是要靠政府救济金过日子的。

中产者的资产之所以重要，从现代的观点看，还有更重要的原因，那就是，在资产（包括货币）这样的概念里面，既有“事实之理”，又有“价值之理”，它和人一样，容纳着人、物、事、理诸多要素，而且直接影响着中产者的亲缘格局的反身重构。而且更进一步理解的话，在互联网化、大数据广泛应用于金融领域的社会里，中产者的亲缘格局本身就是数字资产，一种已经可以进行量化的信用资产，可以随信用的增加而不断增值的资产。从凯恩斯所说的信用状态来分析，就是中产者的个人信用以及他们所在企业、机构的信用会逐渐占据主导地位，而国家和金融机构依靠法律或政权的强制力而取得或实施的信用将会逐渐下降。也就是说，大数据和区块链主导的分配模式将逐步取代利益相关者之间依靠法律或政治强权分配金融资源及其收益的模式。如果真能逐步推进这样的分配模式，则马克思的理想（每一个个体都消除了异化，每个人的自由发展是一切人自由发展的条件）有可能在数字世界中实现。

（此文部分内容在正文部分涉及，为保持文章完整，故保留。《企业观察报》和央行《中国支付清算》曾刊载此文，特此致谢！）

第八　中产者、新资本运动和区块链技术应用

作为银行业资深从业人员和研究者，我最近两年最关注的三个关键词是：中产者、新资本运动和区块链金融。这篇文章试图对这三个关键词做出阐释，在此基础上对银行业乃至整个金融业的“未来向何处去”有所指明。

一、中产者及其亲缘格局

中产阶级（Middle Class）是个外来词，在欧美国家已经有五六百年历史了，追溯起来，广义上的中产阶级和西方式城市并生，历史更加悠久。而在中国，中产阶级的诞生不过是一百年以前的事，由于近现代战乱和新中国成立后对“无产阶级”的强调，真正的形成期不过三四十年。虽然自1978年以来中国城市的发展十分迅猛，城市人口规模迅速扩大，但时间是如此短暂，中产阶级的群体意识并未完全形成，所以我倾向于把中国中产阶级的定义弱化为“中产者”。令人欣喜的是，由于互联网普及、高等院校扩招和对外开放带来的机会，中国中产者正在迅速聚集，人数大量增多（目前至少有5000万人，有研究报告称有1亿多甚至2亿人。），逐渐形成了自己的一些特点。我在两年多前创造了一个哲学名词“亲缘格局”，试图对中产者在经济、文化和政治上的聚集做出一点贡献。美国、意大利的左翼政治理论家哈特和奈格里对中产阶级做了一个新的定义，我觉得也很有参考价值：“中产阶级是一种通过创造性劳动和开放性网络连接成的阶级”。中产者、亲缘格局、创造性劳动和开放性网络这些名词聚拢在一起，就构成了中国当代正在形成的中产

阶级或中等收入群体的若干显著特征。

中产者是拥有一定的家庭和个人资产、解决了基本生存需要的人群，他们考虑问题的着眼点是其资产的可持续性、增殖性以及代际传承，另外还有一定的受教育水平和精神追求。中产者的理想是“三代培养一个贵族”，他们为了后代提升社会地位而不遗余力，而一般意义上的“中间阶层”很多人并不具有这样的理想。一般社会学意义上的中间阶层被认为是社会的稳定力量，他们改变社会现状的意愿不强烈，保守色彩比较浓厚。中产者是中间阶层的一部分，当然也具有这样的特征，但是他们更加看重资产代际传承和后代未来地位的提升又决定了他们不能仅仅满足于维持现状，特别是中国社会正处于急剧转型期，则更是如此。也就是说，中产者的亲缘格局总是充满不确定性，虽然他们总是在不断地寻求更多的确定性。

个体亲缘格局的不断提升是创造性劳动得以可能的前提，同时，当代创造性劳动的涌现也在不断丰富着中产者亲缘格局的内涵。曾几何时，技术上的发明创造和文学艺术的创造性才能是极少数人拥有的，因为绝大多数创造总是在知识积累的基础上产生的，少数知识精英灵光闪现是创造性劳动出现的主要原因。而开放性网络极大地促进了知识的传播，互联网的普及促使知识成了普罗大众拥有的普遍权利。正因为如此，创造性劳动在最近几年得到了快速增长，它和开放性网络的连接使中产者的亲缘格局也拓展出巨大的空间。当然，互联网的知识趋同化也带来了新的问题，浅阅读盛行，个体深层次思维的机会在不知不觉间受到了压制，如果个体没有充分的自觉，往往会满足于浅层知识的汲取而导致创造性劳动的质量大打折扣，也就是人们常说的，“伪精英”在世面上流行，对极少数真正有高度创造性思维的个体造成了被群体压制的局面。由于我们金融体系历来关注的是群体，对于这个问题可暂时存而不论。

二、新资本运动是宙合资本运动

“宙合”一词来源于《管子·宙合》，即四方加四时，时间和空间的混成，我把它重新定义为个体亲缘格局在特定的时间和空间中的总和。我的博士论文（陈玉京：《中美住房金融理论与政策：房地产资本运动的视角》，人民出版社，2009 年）已经赋予了马克思经济理论意义上的资本运动的新内涵，即资本运动是市场经济社会的一种基本制度安排，是各相关主体出于盈利的目的，提供各自拥有的资本或资本等价物参与其中的一种运动过程。资本雇用劳动，劳动就成了资本等价物；资本购买机器或艺术品，机器或艺术品也成了资本等价物，诸如此类。在互联网经济高度发达的环境中，个体的亲缘格局将经由数字资产实现为资本等价物。当个体的亲缘格局成为资本运动中的主要关注对象而且由之成功地塑造出商业模式的时候，新资本运动（即宙合资本运动之道）就有了实现的可能。

资本运动的各主体共同遵守“资本在运动中增殖”这一基本规则，虽然具体到某一主体，增殖不一定实现，但增殖的目标是一致的，增殖的机会对大家都是均等的。我在博士论文中提出了资本运动的元制度特征，这些特征在“宙合”经济金融和文化的背景下更加具有合理性：

1. 资本价值是在资本运动中实现的，它是存量与流量的统一体，最终要归为货币形态的价值（在互联网经济高度发达的环境中，货币形态的价值已经不适合于只由各国央行来进行垄断性的确认）。资本价值的衡量有三点是必须考虑的：（1）资本在用于生产产品和服务时能够替代的活劳动的量；（2）资本在运动中增殖的量（一般不是一次性的）；（3）资本在运动中贬值的风险（剩余价值理论没有充分考虑到这一点，资本家的资本在寻求风险与收益的均衡，资本雇佣劳动，其合理性在此）。

2. 资本运动是资本价值实现的前提，而资本运动本身也是有前提的。各种资本运动的前提在于：（1）资本的客观存在、可储存且可转换；（2）资本所有者的客观存在及清晰界定；（3）资本价值可衡量；（4）资本所有者对资本增殖的愿望；（5）资本增殖的可能性（与产品和服务的生产和交换过程中的成本、收益、风险有关）。

3. 资本运动创造财富和价值的客观存在性是明显的，劳动价值论在当代资本主义和社会主义市场经济实践中已经显现出明显的缺陷。从资本运动的角度看财富和价值的创造，以下几点值得记取：（1）资本是财富的一部分，本身具有价值；（2）资本所有者愿意付出时间和风险的代价，让资本参与资本运动，从而取得一定的收益；（3）资本雇佣劳动，或者与劳动的结合；（4）资本运动中生产出的产品和服务具有有效需求（有效需求来自国内和国外市场，马克思和凯恩斯的著作都没有对国外市场给予足够的关注）；（5）资本运动中各种形态资本的可转换和可交换。

4. 在现代市场经济中，以资产抵押和资产证券化为媒介，房地产资本、生产资本（机器设备、库存）与货币化资本可以相互转化，货币内生化供给的体系得以完整构建，从而财富所有者可以随时调整其资本资产的组合，并不断地重新确定各种资本的货币价格。因此，资本虽然在收益流量的增加中表现为生产要素，但在收益流量分配和存量价值增加中却更多地表现为社会关系，从而使资本运动越来越大地对社会关系的变动造成影响，进而对宏观经济和社会发展造成影响，正如布法亭在《金融资本》中所言，“这样，资本的特殊性质在金融资本中消失了。资本表现为君临社会生活过程的统一力量。”“所有制关系的问题，获得了它的最清楚、最无疑义和最尖锐的表现；而社会经济的组织问题，也由于金融资本本身的发展而得到越来越好的解决。”

我所理解的宙合资本运动是以上述资本运动元制度特征为基调，并融合进亲缘格局论和易象思维而产生的新的资本运动理念。我认为，个体的亲缘格局在时间和空间中的总和就是“宙合”，只有重视个体的创造和生命质量提升，资本运动才会有不竭的动力。而且，时间和空间的内涵、外延因为亲缘格局论和易象思维的拓展而变得十分广阔，人们有希望在新的时间和空间意义下来思考资本运动之道。制度还是人性？兼顾制度和人性？超越制度和人性？资本运动如何改变社会关系格局和推动社会关系格局的演化？货币形态的价值、资本资产的组合在亲缘格局论的思维指引下将发生什么样的变化？这些都是宙合资本运动之道必须要研究的。像马克思《资本论》中提出的那种资本雇佣劳动、资本家残酷压榨剩余价值的简单模式固然还存在，但很可能不是当代和未来社会资本运动的主流模式了。

摩拜单车及其他类似共享单车去年以来在中国各大城市成功铺

开，并形成一定的商业模式，就是宙合资本运动之道的一个生动案例。摩拜单车让城市中的人们快要放弃的单车需求重新焕发（甚至可以说是爆发）出来，是在互联网经济高度发达的环境中实现的。前些年，城市人以拥有越来越大、越来越豪华的轿车为显示自己亲缘格局的符号，结果在很多大城市造成了严重的交通拥堵和环境污染，虽有豪车却在马路上动弹不得是什么体验？而摩拜单车以其闪亮的外观设计、轻松拥有的分享功能和清新环保的理念改变了人们显示亲缘格局的符号，这种改变似乎是在转瞬间发生的。当然，在我看来，它经过了支付宝、微信和滴滴打车等互联网共享经济模式的若干铺垫，只不过摩拜单车选择了一个很好的时间机会窗口（北京、上海政府对滴滴打车模式的打压）推出而已。中国人太多了，年轻、有创造力的心灵永远不缺乏，当骑摩拜单车、坐滴滴打车成为一种时尚，并彻底改变了开豪车拉风的时尚之后，中国人开放、自信的亲缘格局让世界感到惊喜，说得夸张一点，必然会推动世界政治、经济模式的改变。

现代商业社会给世人带来了高度的不确定性，为了应对那些时不时就冒出来的生存和发展危机，凯恩斯《通论》曾经深刻分析过的人们对于流动性资产的偏好似乎越来越强了。除了必要的住房和吃喝以外，无休止地置办不动产和汽车等大件动产看来是快要过气（OUT）的行为。在个体的亲缘格局中，拥有一定的物质资产是必要的，但过重的物质资产就成了负累。特别是对于创造力旺盛的年轻人来说，轻物质资产，重精神和数字资产，把更多的时间和金钱用于创造未来价值并着力提升亲缘格局的扩展性[①]更是理智的行为。在这样一种大背景下，可以预见，未来共享（分享）经济模式会有更多的创造、更广阔的空间。而且，共享经济模式的发展有可能会造成这样一种态势，未来央行的管控力度会减弱，人们会越来越依赖于在特定的时间和空间中运行的数字货币或数字资产（第四节要谈到），而不大信任时刻处于贬值或通货膨胀风险之中的法定货币。未来可共享（分享）的资产会很多很多，比如城市办公和空置的住房、乡间小屋、养老康复和娱乐休闲设施等，数字货币或资产运行于这些特定的时间和空间中是民间合意的选择。试想，如果央行垄断了区块链数字资产的发行，那民间创造共享（分享）经济模式的动力何在呢？

三、银行和其他金融机构应密切关注区块链技术及应用

近几年中小银行转型的步伐正在逐步加快，但是在转型过程中遇到的难题是以传统金融的思路无法破解的，比如向投资银行的转型。传统信贷思维是依赖于物质资产抵押和大企业担保的，投行思维则是注重于企业和所在行业本身的成长性（这种企业基本上都是轻物质资产的，人力资源和商业模式是它们最重要的“资产”），两种思维是如此的格格不入，以至于现在很多银行的投行部门陷入了业务审批无人敢负责、业务量始终上不去的困境。再如向数字银行的转型，现在只是把传统银行的一些产品搬到了网上，但是线上运营的特点和线下并没有很好地对接起来。很多互联网创业企业必须

① 比如结交更多志趣相同的朋友、寻找到更能体现自我价值的创业空间等。

经过的烧钱模式是传统银行无法接受的，而真正能发挥银行优势的新模式又找不到，以至于很多银行的网上银行、电子银行、数字银行等都成为中看不中用的摆设，并没有创造出多大的效益，甚至在领导眼中成了只会花钱不会赚钱的部门，陷入“姥姥不疼、舅舅不爱”的困境。

事实上，银行有别于普通互联网金融企业的优越性（众多的网点资源和国家、政府信用的支撑）是很明显的，但是如果不积极想办法利用这些优越性的话，普通互联网金融企业就会后来居上，银行倒成了“追赶者”和数据资源的劣势方，这是很可怕的。中小银行必须利用区块链金融产生的难得的机遇，迅速调整思维，占领旅游、养老、医疗、社区消费以及其他和民生相关的领域。投资银行和数字银行的困境，说到底都是因为对数据的记录、整合、分析和应用还没有充分地展开，而这些正是区块链金融的强项。

比如养老领域，由于缺乏整体性的经济分析，缺乏对产业链上各个主体经济行为的深入理解，也就对社会相关的资源利用不完全，所以尽管大家都看着未来至少二三十年内养老产业空间十分巨大，却没有多少资本愿意进入。资本进入的困难导致了养老机构及其服务的稀缺性明显，如果不解决好发展的瓶颈问题，势必在未来十年以后出现供需矛盾严重失衡的局面。在如此尴尬和矛盾的局面中突围，必须要有崭新的养老金融思路。

我认为，现在正是银行进入该领域的一个难得的良机，这是一个多大的市场空间，多么庞大的潜在金融消费人群啊！如果按照我关于“颐养币”的思路来展开，即把区块链技术应用于和民生相关的若干消费金融领域，可能会有助于打通养老金融相关的各个环节的资源和信息分割，促进医疗和养老结合、旅游文化和养老结合、地产物业和养老结合等行业融合局面的形成。

最后谈一点关于区块链技术本身的问题。区块链颐养币以及区块链在其他金融场景中的应用，如商业票据、供应链金融、能源区块链等，都涉及巨量数据和快速的交易，按照比特币底层技术的思路来设计是难以完成的。我认为，蔡维德教授创始的天德科技提出的交易和账户分离的双链思路有可能解决这一难题。他们设计的是基于并发拜占庭共识协议的区块链，其扩展性分为三步：（1）用并行算法来做拜占庭将军投票，从而大大提高建块的速度；（2）交易区块链（Trading Blockchain，TBC）、账户区块链（Account Blockchain，ABC）双重架构，简化应用架构以及计算；（3）利用以上双链特点，使一条链可以在运行时分裂成两条链，有两套不同的硬件分别执行这两条链，执行交易和维护账簿分离，以提高速度。这三个机制不仅具备原始区块链的本质特征，还具有高速和可扩展性。TBC 不保存交易双方账户信息，只是在需要时从 ABC 获取必要的账户信息。当交易完成后，TBC 删除账户信息的同时，将该项交易的信息打包成区块链加入分布式账簿中。TBC 分成内部的和外部的两种，内部的 TBC 由内部维护，可以较快地与 ABC 通信，使得 ABC 内部的交易可以快速完成。当需要跨账户区块链交易时，则使用外部的 TBC。为了保护用户和银行的私密数据，存储在 TBC 的数据必须加密。就扩展性而言，ABC 可以自行分裂，既保持历史账户的完整性，又保证了维护的简捷性；TBC 可以并行运行，系统的处理速度随着

TBC 的增多不但不会变慢还会变快。天德科技还设计了区块链标准接口，以减少应用开发人员的工作量，增加应用系统的可复制性。以上一例可以说明，区块链的技术用于金融场景指日可待，而且正处于大规模应用的前夜，银行和其他金融机构应密切关注区块链及其技术应用的进展。

（《中国银行业》杂志 2017 年第 12 期刊载此文部分内容，特此致谢！）

第九　城乡一体化区块链综合金融：最美乡村“颐养币”计划

2016年4月中旬，我在清华五道口金融学院提出区块链“养老币”概念以来，有十几家公司的负责人前来和我探讨关于“养老币”如何落地的问题。

经过和各方聪明人的交流，我设计了一个区块链用于城乡一体化综合金融的方案，即所谓最美乡村“颐养币”计划。大致内容如下：

一、城乡闲置资产用区块链进行确权、登记，作为颐养币的基础资产。

二、城市居民的相关方资源（如养老金、床位补贴、护理费补贴、老兵补贴等）在颐养币系统上进行整合。

三、乡村风景优美之地、古村落、现有养老地产的改造升级。

四、农村土地、林地、宅基地的确权、登记，用于当地村民进入颐养币系统工作休闲的保障。

五、鼓励年轻志愿者加入颐养币系统，为自己和家人养老、旅游积累颐养币。

六、鼓励社会各界捐赠于乡村扶贫和养老事业，进入颐养币系统进行公开透明运作。

七、从长远看，可以设立产融结合的基金，用于护理基地、房车旅游基地、通航基地、农村电商基地等建设。

以上方案定位高端，技术可实现性强，经济和社会效益均可期。如能尽快落地，是利国利民的大好事，已经有文化旅游、医疗养老、金融科技方面的上市公司前来洽谈。

城乡一体化区块链综合金融支持计划
最美乡村“颐养币”计划

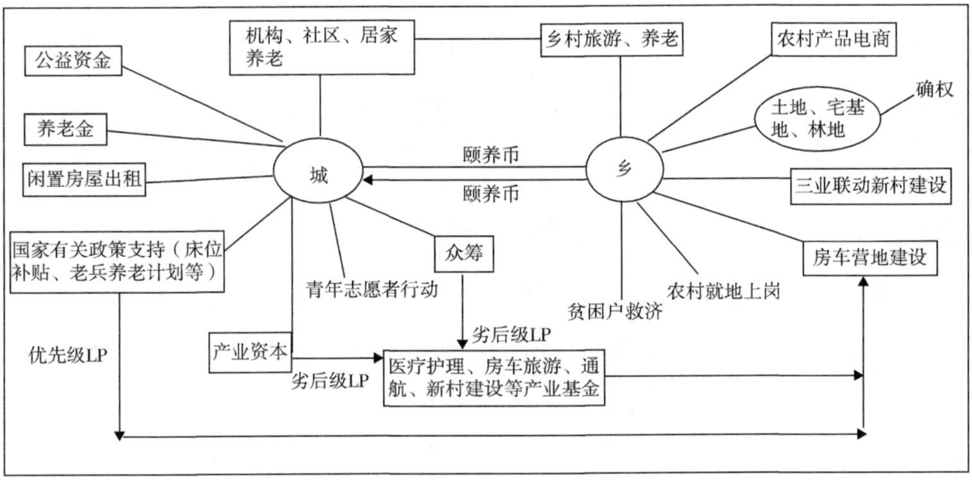

第十　从凯恩斯到索罗斯：反身性金融理论之形成

索罗斯说："我认为，历史的进程是开放的。历史的主要驱动力是参与者的偏向，的确，它不是起作用的唯一力量，但它是历史进程中所独有的力量。并因此而使历史进程同自然科学研究的自然过程区分开来。生物进化归因于基因的变异，我坚信，历史的进程则是由参与者的错觉塑造的。我甚至走得更远，塑造了历史面貌的思想无非是一些内涵丰富的谬论。一套富于衍生性的谬论往往最初被人们视为真知灼见，只有在它被解译为现实之后，它的缺陷才开始暴露出来，然后将会出现另一套同样内涵丰富的但与之正相反的新谬论，并且这一过程仍将不断地进行下去。每一套谬论都提供了一种新的经验，如果人们能够从经验中多少学到一点东西，则这种更替就被称为进步。"① 反身性是索罗斯所提出的一个哲学概念。索罗斯在大学时代起，就深受其导师卡尔·波普尔的证伪主义哲学的影响，在此基础上提出了反身性原理，同时将这一原理应用于他的金融证券实践，并由此获得巨大的成功。波普尔的伪证主义哲学对他的重大启示在于：它提示了人类认知活动具有的本质的不完备性。人们只能在一个不断批判的过程中接近真理，在这个过程中的一切判断都只是暂时有效的，并且都证伪的对象。索罗斯在金融证券实践中发现，"参与者的偏向"往往是偶然因素占主导，参与者的偏向有时会极大地改变社会经济和金融的所谓规律性进程。

---

① 索罗斯《金融炼金术》中译本，海南出版社，1999 年。

我的反身性金融理论正在形成过程中，基本点源自凯恩斯和索罗斯，同时也吸取了我的亲缘格局论的若干要素。大意如下：

1. 在理想世界中，参与者拥有完备的知识，从而产生资源最优配置的理论均衡，但在真实世界中，存在的只是不完备的理解和无可企及的均衡，两者风马牛不相及。

2. 绝大多数市场参与者都是出自赚钱和生计的考虑（个体的亲缘格局）参与金融市场。当然，也不排除个别机构参与者出于政治、外交、经济全局把控的考虑来参与。但无论出于什么样的目的，都体现出“参与者的偏向”各不相同，都会对市场规律性本身造成干扰。

3. 市场参与者的行为会对金融资产的价值产生作用，同样，金融资产的价值变化也会改变市场参与者的行为。如经济繁荣期银行争着给贷款，使抵押物的价值不断升高，而在经济萧条期银行收贷，抵押物的价值会迅速下行。再如股市低迷时，参与者越来越少，股票价值一跌再跌，而股市大涨时，参与者疯狂入市，股票泡沫迅速扩大。

4. 上市公司市值的不断变化，金融资产总盘子的不断扩大，将带动相关上市公司参与市场行为的变化，从而使整个市场的格局也发生改变。格局变了，金融监管者的思路也必将随之改变。这种格局的变化是周而复始，螺旋式上升的。

5. 所谓价值投资是一个伪命题。正如索罗斯指出的，市场永远是错的，我们现有的分析工具不可能准确预测股价走势和坐标位置。因为市场参与者的预期有偏差，而这种偏差又影响交易活动的进程，不是目前的预期与将来事实相符合，而是未来的事件由目前的预期所塑造。也就是说，没有任何一个上市公司能够被准确地预测未来。哪怕宏观经济和行业背景没有发生大的变化，上市公司的利润率也相对稳定可期，金融市场大格局的变化以及随之而来的参与者行为的变化，都足于使上市企业的估值发生重大变化。这一点对于理解中国A股市场的创业板上市公司的价值很关键。

6. 不平衡的市场状态源于市场预期所形成的主流偏向受到客观现实的强烈对比，市场中的清醒的投资者开始对这种偏差进行反省，对主流偏向进行挑战而使市场原有的主导因素变得脆弱，但市场的惯性使原有走势狂热。盛极而衰，物极必反，投资成功的秘诀之一就是善于发现市场的不稳定状态，捕捉盛衰现象发生的时机。

从凯恩斯到索罗斯，他们的金融理论走的是洞察人性的路线，所谓“动物精神”和“参与者的偏向”，说的都是人性的偏执和企图心导致了资本市场的繁荣。他们的观点强调的是对人性的疏导，是偏正面的。中国的主流意识形态并不鼓励这种人性的偏执和企图心，但是在实际运作中，金融资源的分配极端不公平、不透明，官僚资本、金融资本和偏执狂的结合所导致的资本狂潮一点也不比西方逊色，广大的散户并不了解这些资本狂人的运作内幕，而监管者出于各种利益考量，又睁一只眼闭一只眼，于是就出现了股灾，出现了上市公司业绩与市值普遍无关联的状况，出现了“门口的野蛮人”放肆驱逐优秀管理层的现象。

在市场经济进一步发展的今天，中国最高层和部委级别的金融监管层再也不能无视市场经济中人性的大暴露这一事实，主流意识形态的变迁适逢其时。当然，思想的改变是艰难的过程，任何一蹴而就的想法都会导致灾难。

第十一 《白鹿原》又让我想起了“无善无恶心之体”

青葱岁月留下的记忆是最深刻的。我二十郎当岁时是在那片原上度过的，所以对反映原上人的文学艺术情有独钟。最近的《白鹿原》电视剧由于其历史视界更为宽广，它比《平凡的世界》更为突出地展示了人性的丰富性、复杂性。剧里各色人物，虽然有些演员的表现有所缺憾，但几乎每一个人都是鲜活的、在世界中存在着的。之前在我的文章中，我多次提过，王阳明的“四句教”在我的亲缘格局论形成中起了无与伦比的奠基作用。其中首句“无善无恶心之体”，我认为它是有史以来对人性的最好、最简捷明了的概括，也是最彻底的现象学还原思维。在我看来，“无善无恶心之体”是白鹿原上普通人心灵的写照，哪怕看起来心机最深的鹿子霖也是活得很真实的人。

“无善无恶心之体，有善有恶意之动，知善知恶是良知，为善去恶是格物。”这是完整的阳明“四句教”，没有人质疑后三句是儒学传统的说法，但是对“无善无恶心之体”争议颇多。其实，它并不难懂，它只是概括了人从生到死这一必然、同时又是偶然的过程的“始”与“终”，“赤条条来去无牵挂”说的就是这么一回事。这句话来源于禅学是没有疑问的，但由此批评王阳明流于禅则责之太过，甚至有点不知所云，也就是说对阳明的哲学功底了解不够，特别是对他的儒学根基缺乏深入了解。阳明提出“无善无恶心之体”可以说是石破天惊，很少人能看到它和孔子真传之意的契合。它的意思是囿于伦理就永远无法达到思想上的超越，永远会被陷于社会和自我设置的窠臼之中，永远不可能达到永恒的独立精神和坦荡荡的境界。王阳明的这一思想彻底回归了孔子所讴歌的《诗》百篇“思无邪”的状态。为什么孔子说“性相近，习相远”？如果人心之体天生就是善恶分明，这不仅与人出生之初的现实不符，而且会与“性相近”形成逻辑上的矛盾。因为原初的心体夹带着善恶的种子的话，很可能就是分配不均的善恶种子，而且是任人评价的善恶种子，“性相近”基本上就无法实现了。白鹿原上乡约的失败之处就在于它预设的是过于严苛的伦理教条，对人性的丰富性、复杂性宽容度不够。

从亲缘格局论的观点看，“无善无恶心之体”的哲学革命总义当然不只是对原始儒家真义的传承，更重要的是它与现象学的契合，甚至可以说它比现象学的还原和悬置方法更加彻底。在二战之后，列维纳斯反省了西方哲学的“自我”专横传统，以及“自我”对于“他者”的本能性压制，其最突出的表现就在于柏拉图的“哲学王”理念。直到尼采的所谓“上帝死了”，也是在为他的“强力意志”的张目。胡塞尔主张现象学的还原，要把一切理论前提悬置起来，但是也本能地保留了“先验自我”，因为在他看来，没有“先验自我”，他的“第一哲学”是无法得到支撑的。海德格尔的“此在”和世界同在，在无限的可能性中敞开和绽放，但他的此在无时无刻不处在没有根据地的“烦”中，这样的人生仍然是焦虑的、没有依傍的，有时就不得不借助于其种虚拟的力量来支持（比如他在20世纪30年代对于纳粹的幻想）。维特根斯坦继承了叔本华的某种佛学根基，他对于文化现象的解剖富于深意，而且直逼源头，可以说是西方历史上第一个也是唯一让世界还原到真相的哲学家，他提出的“家族相似”和“语言游戏”触及到了人性的深处。而在我看来，王阳明的“无善无恶心之体”早于维特根斯坦400多年达到了同样的高度。

卢梭说：“人是生而自由的，但却无往不在枷锁之中。自以为是其他一切主人的人，反而比其他一切更是奴隶。”这句话深刻指明了人的困境。作为现代社会的人，可能比古代或近代社会的人拥有多得多的财富，在很多国家物质文明高度发达，但是他们的烦恼却一点也不少。哲学家把现代人在优渥生活中无法排解的烦恼称为现代性的困境。一般的表现有：1. 技术极大地丰富了物质生活，而且使人类掌控世界的能力大大增强，然而同时人类自相残杀的能力也大大增强；2. 资本运动使人类生产能力迅速扩张到地球各个地区，极大地消灭了绝对贫困的根源，然而贫富悬殊的问题越来越严重；3. 交通和通讯的发达使人们的交往日益便捷和频繁，但是人们心灵相通的机会却好像越来越稀少甚至不可能了；4. 人类社会千百年来的道德训教越来越难以融入现代生活的实践中，一代又一代的年轻人充当反潮流的角色，然而当他们年龄渐长之后似乎又都想回到传统文化之中。《白鹿原》要告诉我们的就是这么一个似乎是死循环的困境，而我的亲缘格局论要告诉人们的就是如何打破这一困境。

现代性困境的哲学根源是近代以来的主客体之分，或者说是人类中心主义的发扬，而人类中心主义又在资本主义的高度发展的基础上不断得到强化。人类中心主义和资本主义互相促进，更加激励了科学技术的不断进步，几乎可以说是单兵突进，把人类心灵和道德层面的东西远远地抛在了后面。要知道，人类心灵和道德实践离不开个体的体验认知（可以理解为康德的实践理性或者孔子对“仁”的体验认知）。泛化的道德训教很容易被上升到神学或天条，对个体的人产生压迫感和焦虑。人们以有限的理性追逐无限的教义、以单薄渺小的个体应对无边无际的宇宙必然会走入困境。在资本君临一切的社会，货币本身就成了道德，货币的价值几乎完全取代了道德的价值，这就更加加速了人的异化。

人生之最大的吊诡在于，除了一始一终可以做到“无善无恶心之体”外，人生无处不要面对道德、伦理、法律和人性的考验。人生过程中不断遭遇的人、物、事、理让“我”不得不时刻处于选择和判断之中，而且知、情、意一直在干扰“我”的选择和判断。亲缘格局论首先强调“无善无恶心之体”，着眼于王阳明哲学的现代阐释，把道德训教和资本、货币、家族财富、个体智力相貌等都放到了一个平面上来认知，避免了道德的先入为主，从而保证了亲缘格局始终如一的开放性，选择和判断时的压迫感和焦虑必然会大大减轻。

万事万物皆有此理，而此理是与人心相通的，所以虽然每一个体所拥有的亲缘格局各不相同，而且在一定的时间段自己的亲缘格局也有改变，但是所有个体的亲缘格局却有可加总性。人人都在世，人人面对的世界“和而不同”，却能够在往来四方的宇宙中汇聚在一起，再加上古往今来的各自的祖宗先人以及各类历史人物的与在世之人共通的灵魂，构成人类世界独有的“宙合”之境。《管子》中的这句话：“宙合之意，上通于天之上，下泉于地之下，外出于四海之外，合络天地以为一裹。散之至于无间，不可名而山（通宣）。是大之无外，小之无内，故曰有橐天地。”生动地表达了宙合之境总揽天地之英华，网络万事万物之理，至大无外，至小无内，成为人类社会生生不息之胜景。

这是《白鹿原》原上乡党的理想，也是我的理想。

附录二
《论语》精选新解（以亲缘格局论的视角）

曾子曰："慎终追远，民德归厚矣。"（《论语·学而》）

（今译）曾子说："认真对待亲人的葬礼，以祭祀追思久远的祖先，自然会让老百姓日趋忠厚老实。"

（今解）亲缘格局中的血亲和祖先是每一个人都天生要面对的，而且每一个人自己也必将成为丧礼和祭祀之礼的对象，所以儒家强调这种自古以来人们最为重视的丧礼和祭祀之礼，以最朴素的情感来规范普通百姓的道德教化。亲缘格局中的血亲和祖先如果都得到了与之关联的个体的认真对待和追思，"宙合"就奠定了广泛的基础。说到底，"宙合"就是亲缘格局的无限叠加、组合形成的，而普通百姓的这种最朴素的情感就是最强的黏合剂。

客家先民十分重视祖述传承，记载祖先的功德，录下祖宗血脉根系，每一个姓氏都有厚厚的族谱千百年来得到传续，至今还保持着宗族的祠堂，这些都是中华民族独有的精神财富。此书中讲的亲缘格局，首先就是指的中国人的血亲和祖先给每一个个体带来的格局。事实上，无论世间如何变化，这种格局的分量在中国人的心中是永远都不会变化的，这是中国从古到今每个人（特别是客家人）的根，也是中华民族得以源远流长的最重要的根。

据老陈家族谱记载，起源于河南许昌，陈氏颖川堂一支从魏晋南北朝时期就到了南方金陵一带。唐末避黄巢之乱，从金陵迁到江西，又分化出泰和柳溪陈、德安义门陈两支。我家是柳溪陈，后来迁到赣州。义门陈家族兴旺，被宋朝皇帝强制分家，分散为天下 291 庄，南方各省均有。陈寅恪、陈毅、陈独秀、陈诚等都是义门陈的后人。慎终追远是我们客家精神的重要根源之一。

君子不重则不威。学则不固。主忠信。无友不如己者。过，则勿惮改。（《论语·学而》）

（今译）君子不庄重就没有威严。学习可以使人不闭塞。要以忠信为主心骨。不要同与自己不对等的人交朋友。有了过错，就不要怕改正。

（今解）我（作为此在）要免于日常生活中的“沉沦”状态，必须时刻保持超越之心。这段话指出了超越的若干途径：一是保持厚重的态势，浮躁、浮夸害人更害己；二是在学习中拓宽视野和胸襟；三是在做事待人中一直以“忠”和“信”为主心骨；四是保持对等交往的原则，不要总与不对等的人交往，这样才能在朋友们的优良品行中汲取精华，不断提升自己；五是保持对“理”的体认之心，及时改正自己的错误。

以上说明，亲缘格局的提升主要在自己的修炼，恭、宽、信、敏、惠等各种品行是相互补充和相互促进的。当然，修炼还有很多途径，事上磨炼、对科学的探究和对艺术的追求都是很有效的途径。亲缘格局就是为所有有缘人开放的格局，反身重构的格局，自身信用和人际信任得以建立的格局，自强不息的格局，“理”为核心源动力的格局。

父在，观其志；父没，观其行；三年无改于父之道，可谓孝矣。（《论语·学而》）

（今译）父亲在世（凡事不能自主时），要观察他的愿望；父亲死后（一切都是自己拿主意时），要考察他的行为；若是儿子对他父亲做事为人的途径、方法（不管对错），在父亲死后三年都不加改变，这样的人可以说是尽到孝了。

（今解）三年不改，不管对错，这样的说法无视每个个人的亲缘格局的复杂性以及个性化，因为即使是父亲和儿子也是完全不同的个人，亲缘格局的不同和父亲死了几年是没有关系的。面对亲缘格局的变化，途径、方法不改变只能说是迂腐。那么，儒家为什么要提出这样的说法呢？按李泽厚先生的提示，这是出于古代氏族生存经验的传承。如果是这样的经验，未免过于久远而且迂阔了，这样的“孝”可以休矣。但是，有人也提出这样的见解：这是针对君主治国经验而言的，对先君的政治主张、措施以及人事安排等，不要等先君一死就马上改变，这倒是可取的，因为政治主张、措施以及人事安排等，对于国家的平稳过渡至关重要，确实不能操之过急而乱改，要留足过渡的时间。

“夫子至于是邦也，必闻其政，求之与，抑与之与？”子贡曰：“夫子温、良、恭、俭、让以得之。夫子之求之也，其诸异乎人之求之与？”（《论语·学而》）

（今译）“老师到了一个国家，总是过问这个国家的政事。（这种资格）是他自己要求而得到的呢，还是人家国君主动给他的呢？”子贡说：“老师温（温顺）、良（和善）、恭（庄敬）、俭（节制）、让（谦逊），所以才得到这样的资格。（这种资格也可以说是求得的），但他求的途径，或许与别人的不同吧？”

（今解）孔子的温、良、恭、俭、让，是他在自己的亲缘格局得以到达高境界的前提，而子贡说正因为孔子到达了高境界，才得到了国君们的承认，这样的说法就很勉强了。事实上，孔子终其一生，除了在鲁国得到一定程度的承认之外，几乎没有哪个国君承认他具有“与闻”该国政治的权利（资格）。儒家以道德化的人生信条、理想化的人格争取政治权利的理想，从孔孟开始一直到程朱都没有得到圆满实现。王阳明和曾国藩虽然在特定的机遇下建立了比较大的功业，但是他们自己人生充满苦闷，经常对自己的道德至上主义产生疑问，也很难说在当朝政治权利上发出了多大自己的声音。王安石号称道德楷模，但他主导的改革也失败了。张居正曾经在明代中后期政治舞台上大有作为，“一条鞭法”也得以施行，但是他的道德人品一直遭到史家的质疑。因此，政治家与道德学问家的亲缘格局实在有很大的不同，不可混淆置之。

有子曰：“信近于义，言可复也。恭近于礼，远耻辱也。因不失其亲，亦可宗也。”（《论语·学而》）

（今译）有子说："讲话诚实就是在按照义的原则在做，这样才能让自己的话得到真诚的回应。行事恭敬就是在按照礼的原则在做，这样才能让自己的行为远离耻辱。所遵循的都是自己亲近的人的言行，这样的遵循才是可靠的。"

（今解）"义"和"礼"是中国古人面对亲缘时必须要遵循的两个原则。而这两个原则之所以能够遵循，就是因为它们是与自己亲近的人相结合的两个原则。在农业社会里，和自己熟悉的人、亲近的人总是局限在一定的范围和地域里，所以古人想当然地认为，这些人和自己之间是必须互相要讲究"义"和"礼"的，也是能够得到很好、很及时的回应的，因此亲近的人是值得依赖的。直到今天，乡党、同学、朋友的圈子在中国人当中仍然被认为是值得依赖的。很多人为了让自己的事办得圆融，热衷于营造各种各样的圈子文化。

在"义""礼"这两个没有原则的原则所构成的圈子问题上，一种中国人独有的亲缘格局中，儒家教人走进了死循环。正如孝悌不能想当然地推而广之一样，对亲近的人采取的"义"和"礼"也是不能想当然地推而广之的。文化传承和治国毕竟是两回事。是尽忠还是重义，是讲法还是重礼，作为普通人的君子还好选择，不做选择也无大碍，但作为为国家做事的君子（官员），在很多情境之下是必须做出决断的。官员如果在理性和情感对立之时不做决断，就意味着将自己等同于普通百姓，不可能在自己的亲缘格局中造就自己的完整人格，在时常分裂的人格之下，轻则自己烦恼不断，重则贪腐丢官坐牢，更有甚者是误国卖国。

我想强调的是，官员要树立的亲缘格局和普通百姓（不是海德格尔说的“常人”，普通百姓有的人也会有很高的心性追求）有很大不同，一定要突出强调其不同之点。官员是为国家做事的，凡事要从政事和谐、国家稳定和免于外敌入侵这样的战略高度来看问题，要从国家之“大礼”“大义”出发，不能拘泥于日常人世间的“义”“礼”之类，对普通人的情感道义当断则断。皮之不存，毛将焉附？如果公平正义成了为少数“圈内人”服务的挡箭牌，为了小团体利益不顾国家民族“大礼”“大义”，直至把国家基础搞塌了，把国家秩序搞乱了。普通百姓再讲道德礼义，又有什么奈何？！

有子曰：“礼之用，和为贵。先王之道，斯为美。小大由之，有所不行。知和而和，不以礼节之，亦不可行也。”（《论语·学而》）

（今译）有子说：“礼的应用，（就像礼仪中的音乐一样）以和为贵。古代君主的治国方法，美妙的地方就在这里。不论大事小事，都按和的方向去做，有的时候也行不通。光是知道和的方向而照着去做，不以礼的原则来节制和，也是不可行的。”

（今解）“和”是亲缘格局所能达成的最美妙的状态：它体现了君子与时偕行、其乐融融的理想，在天理流行不息的过程中，随时随地都能良好地体认出“理”的存在，并依“理”而行。当然，有子在这里说到的只是礼之用，以和为贵。而且也明确提出，有些时候知和而和是行不通的，要用礼来节制。原始儒家有足够的理性，他们知道人心中的理想和现实的差距，知道能够落地的礼与知和而和的情感诉求、依“理”而行的理想状态之间的平衡关系。

君子食无求饱，居无求安，敏于事而慎于言，就有道而正焉，

可谓好学也已。（《论语·学而》）

（今译）君子饮食不求饱足，居住不要求舒适，对工作勤劳敏捷，说话却小心谨慎，按照有道的人那样的道德言行来匡正自己，这样可以说是好学了。

（今解）在君子的亲缘格局中，衣食住行这些基本的生活琐事从来都不作为关注的重点，关注的重点永远是自己的言行举止是否合乎礼仪规范，是否能得到有道之人的认同。这是儒家坚持最好的传统之一，也因此得到了世人的广泛认可。在历史上有名的儒者那里，几乎看不到关于他们孜孜于求生活享受的记载，但这也带来了一个问题，那就是所谓中国资本主义萌芽到底有没有发生的问题。中国历史上有几个时期百姓很富庶，城市经济很发达，如南宋、明代中期，但是资本主义的生产方式却一直到清末在西方冲击之下才出现。儒家虽然也主张强国富民，但是“谋道不谋食”“忧道不忧贫”始终是士大夫的主流意识形态，应该说对经商赚钱、过度消费、唯利是图的观念压抑是很强的。如果没有西方的冲击，可以说中国永远也不会有资本主义发生。

我们在当代强调提升中产者的亲缘格局，不可避免地要涉及生活享受的问题。享受本身并无对错，然而，处于上升期的中产者，我觉得按照儒家传统的低调方式来为人做事是必要的，“食无求饱，居无求安，敏于事而慎于言，就有道而正焉”，做到这些并不容易，不难在一时，难在一世。我们是为后代奠基的，“三代培养一个贵族”，坚持这个信念就能做到。张扬、高调地生活也许可以争取到某个更大的机会，也许对自己炫耀某些资本是有利的，但在中国的环境中，这些绝不会是常态。

不患人之不己知，患不知人也。（《论语·学而》）

（今译）不怕别人不理解自己，只怕自己不了解别人。

（今解）因为自己立志超越“常人”，所以别人不理解自己是常有的事，不必为此纠结。但是在人生亲缘格局中，没有可依赖的帮手是做不成事的，“知人”这个环节对于做事太重要了。老对别人说三道四、横挑鼻子竖挑眼，只会给自己徒增烦恼，要尽可能去理解、去包容与自己相关的一切人和事。在对别人的宽容和认可中，把该做的事做好，同时提升自己的境界。

子贡曰：“贫而无谄，富而无骄，何如？”子曰：“可也。未若贫而乐，富而好礼者也。”（《论语·学而》）

（今译）子贡说：“贫穷而能不谄媚，富有而能不骄横，怎么样？”孔子说：“这也算可以了。但是还不如做到这样，虽贫穷却乐于道，虽富裕而又好礼。”

（今解）人生在世，最难对待的就是穷、富二字，当然也是考验亲缘格局是否具有扎实根基的试金石。穷人要翻身，沿着梯子向上攀登；无非就是两种途径：一是社会提供的上升通道，如求学、当兵、做生意等，二是攀附权贵，所谓拍马屁、“舔菊”的事也要装得很开心。第一条途径人很多、路太窄，成功概率很低；第二条途径很多人想走，但想做到恰到好处基本不可能（从根本上就歪了，怎么能恰到好处？）。从我的人生经历中成百上千的所谓成功人士来看，光靠拍马屁、“舔菊”就能成功上位的人绝对只是个别的“天才”。儒家教导我们“贫穷而不谄媚”是从人性出发的劝导，不然，既失去尊严又被人踹出来，这样的滋味让人情何以堪？至于富有而不骄横能不能做到，真的是因人而异，一般来说一夜暴富的人、经历无数白眼而终于成功的人容易骄横。孔子说的当然更高明一些：固守贫穷是很难的，要找到精神支柱，乐道才能安贫；富而好礼是亲缘格局的较高境界，我觉得应该是中产者达到半数以上的社会（仇富心态基本消失），富而好礼才会成为时尚。有人会举出民国以前社会乡绅的例子，个案肯定有，但是像《白鹿原》中描写的那样，底层人太多的社会环境中，富人的仁慈、乡规民约不可避免地存在伪善成分，或干脆就被人们视为伪善，甚至像鲁迅说的是“吃人”的。

紧接着的对话更精彩。子贡曰：“《诗》云：‘如切如磋，如琢如磨’，其斯之谓与？”子曰：“赐也，始可与言《诗》已矣，告诸往而知来者。”孔子对子贡举一反三，从《诗》反观人生的观点十分赞赏。在海德格尔看来，诗是思的最高境界。孔子及其弟子对《诗》下了苦功夫，认真琢磨出了很多《诗》外的思想内容。这段话所说的就是其中之一。孔子讲经论道，每每有很多弦外之意，让弟子们发挥自己的想象力去思考，从“在场”的东西联想到“非在场”的东西。亲缘格局的最高境界，离不开对艺术和诗的语言的领悟。

为政以德，譬如北辰，居其所而众星共之。（《论语·为政》）

（今译）（周天子）以德治天下，就像北极星那样，自己处在固定的方位，而群星都环绕在它的周围。

（今解）政者正也，君王如果能够正己、正名、正德，就成了北极星一样的处在正位，天下诸王及臣子自然就像群星环绕。这是孔子对周初政治的观察，也是他理想中的政治状态。可是后来的事实却发生了深刻的变化（诸侯渐渐坐大，对周天子不恭事件越来越多），孔子认为这种变化是礼崩乐坏，而且难以修复，只好以回忆过去的美好来表达无可奈何之情绪。可是历代儒家并不理解孔子的原意，仍然把以德治国奉为圭臬，这不能不说是思维上的懒惰。前面提到，政治家和普通百姓的亲缘格局有着很大的不同，而且每朝每代的政治家的亲缘格局也有很大的不同，即使周初所谓的“德”治天下是真的，那也是昙花一现，不能因循守旧。

那么，儒家提倡的道德是不是就对政治毫无用处呢？当然不是，虽然政治家和普通百姓的亲缘格局不同，每朝每代的政治家的亲缘格局也有很大的不同，但是作为此在的人是有穿越时空的共通性的。我、你、他以及我们的先辈都是此在，都是有灵魂的存在者，灵魂绵延不绝、超越时空是“宙合”最本质的属性，是道德在人类社会中无形而起作用的最根本的基础。以往的哲学家和伦理学家把某一个时期的社会关系和统治阶级意识形态等作为道德的基础，这当然也是不错的，但这仅仅局限于某一个时期的特殊性，而没有考虑到道德超越时空的共通性。因此，道德教化对于培养人的羞耻感和自豪感，对于规范人与人之间的关系和行为始终是有用的，而且很多已经形成的道德观念和礼数历久弥新，它们固化在每个人的亲缘格局中，不会因为社会结构和环境的变化而发生根本性的变化。这也就使得，政治家的道德和人格魅力会引起普通百姓的强烈共鸣，在特定的时期可能会取到比武器更大的作用。但是不管怎样，都不能以“众星拱之”这样的理想来说明现实政治中的道德至上作用。说到底，人类社会中各个人群之间存在着利益和情欲等多方面的冲突，它们虽然比道德层次浅，但是却在很大程度上、经常性地左右着“常人”的选择。

在现代社会，我们倾向于用“情怀”来取代“道德”。“无善无恶心之体”，抽象的道德评判有时是无力的，但是作为大写的、个体的人必然是有情怀的，不可或缺。这是我们亲缘格局立论的基本点。社会不能丧失“向上”、“向善”“向和”的氛围，否则人心整体的堕落会像自由落体，迅速导致像罗马帝国那样的衰亡。

子曰：“《诗》三百，一言以蔽之，曰：‘思无邪’。”（《论语·为政》）

（今译）孔子说：“《诗》有三百篇，可以用一句话来概括它，就是‘心思纯正，没有邪曲之念’。”

（今解）孔子对《诗》的评价如此之高，可能出乎很多道德家的意外，也导致了历代很多儒家解说的自相矛盾。《诗》反映了周前和周初的很多历史事实，其中有许多是关于男女之情的描述，还有一些是对当政者的不满情绪的表达，孔子用“心思纯正”来概括，就是对这些事实和感情的充分肯定。后代的很多儒家出于对当政者的维护和男女之情的大防，不敢阐述孔子为什么要这么肯定《诗》。主要是因为，他们把孔子当成了没有情欲、没有不满情绪的圣人，而不是一个普通的、有情有欲、真情流露的文化人。他们把孔子的亲缘格局人为地扭曲了，也把他们自己的亲缘格局人为地扭曲了。张居正的解释还是比较公正的：“盖诗人之言有美有刺。善者美之，所以感发人之善心；恶者刺之，所以惩创人之恶念。只是要人为善去恶，得其性情之正也。人之心若能念念为正，则无邪曲之私，则其所为，自然有善而无恶，有可美而无可刺，而诗人之所以为以劝以惩者，包括而无遗矣。然则，思无邪之一言，岂不可以尽盖三百篇之义乎？”[①]原始儒家强调真性情的表达，为中华文化奠定了纯净的根基。

天理和人欲不能分开，存“天理”而灭人欲是违反人之真性情的，也不合孔子的本意。也就是说，“天理”和人欲都在此在的亲缘格局之中，关键是得性情之正。明末清初的王夫之提出了“性日生日成”的哲学观念，对原始儒家和宋明理学的人性论进行了批判总结。原始儒家认为“人之初，性本善”，宋明理学认为人成长过程中的各种“人欲”遮蔽了“天理”，只有通过“复性”才能回到本初之“善”。王夫之的“性日生日成”，说的是人性有不同的层次和境界，最初因为禀赋不同而“性相近”，随着时间的推移、个体修为的不同，更是呈现高下之分。亲缘格局论承认“日生日成”的人性，而且认为融入亲缘格局中的人、物、事、理都会对人性产生影响，要通过不断地反省来不断地“复性”，通过反身重构来提升人性的层次和境界。

吾十有五而志于学，三十而立，四十而不惑，五十而知天命，六十而耳顺，七十而从心所欲，不逾矩。（《论语·为政》）

（今译）我十五岁立志于学习；三十岁能够自立；四十岁坦然面

① 张居正《四书直解》。

对万事万物而不感到困惑；五十岁懂得了天命；六十岁能听进去各种言论而没有烦心；七十岁能随心所欲地说话做事，却不越出规矩。

（今解）孔子这段话令人惊叹，描绘出了每一个中国的知识分子几乎都会经过的人生历程，而且每个年龄段的特征是何其相似乃尔！最值得关注的是关于天命的说法。大化流行、生生不息就是天命的表现，它不是上帝的指令，也不是无所作为的听天由命。“天行健，君子以自强不息。”儒家的天命观是所有文化形态中最富有生命力和想象力的，拥有这样的天命观是中国人的幸运。为什么是五十而知天命？一般认为孔子五十而学易，从易理中感受了天命的存在。我倾向于认为，天命是理的一种，也是最为根本的理。知识分子活到了五十岁左右，经历了无数的人、物、事、理，有缘来相认、无缘不入心，亲缘格局至此已经到了基本稳定的状态，真诚性和创生性到了极致之点，从而对天命也有了成熟的理解，这就是知天命。

子游问孝。子曰：“今之孝者，是谓能养。至于犬马皆能有养；不敬，何以别乎？”（《论语·为政》）

（今译）子游问什么是孝，孔子说：“如今所谓的孝，只是说能够赡养父母便足够了。然而，就是犬马都能够得到饲养。如果不对父母存心孝敬而只是履行赡养义务，那么和饲养犬马又有什么区别呢？”

（今解）《论语》此章有几段话都讲孝的方式方法。一是讲礼，二是尽心，三是和气，这些都不难做到，但是长期坚持很难。古代先哲没有系统地论证为什么孝是如此重要，但是在文献中始终连篇累牍地应该如何孝，孔子也是如此。我们今天讲的亲缘哲学将尝试着为“孝”提供理论依据。在中国人的亲缘格局的构成中，自古以来对父母的孝敬是重要方面，这不仅是道德律令，更重要的是情感维系。因为父母的养育使“此在”在当下存在成为可能，父母的关爱在“此在”存在的全过程无处不在，而且因为和父母相拥就是和祖先的灵魂相拥，使“此在”和祖先灵魂的接续成为了可能，中国人作为“此在”而存在的意义在这里得到了根本性的体现和展示。孝敬父母就是在展示“此在”存在的意义，也是在获得最根本的人生动力之源泉。“宙合”中充满了这样的动力源泉，但只有与父母和祖先灵魂相拥的“此在”才能感受得到。

我所理解的“孝”至少有以下三个方面的含义：一是上面说的情感维系和灵魂相拥；二是生命延续和家族资产承续的需要，父慈子孝是儒家同时强调的美德，儒家要求每一代人都扮演好在家族传承中的角色，这对中产者的亲缘格局之提升可以说是重中之重；三是基本人品的培养，一个人对辛苦养育自己的父母（不论具体言行的对错）打心眼里抱着尊敬和爱戴的态度，这是对最基本天理的认知和依归，如果这点都做不到，如何能确认他能宽容、公正地对待朋友和其他相关的人呢？亲缘格局缺乏这一最起码的根基，注定是要崩塌的。

吾与回言终日，不违，如愚。退而省其私，亦足以发，回也不愚。（《论语·为政》）

（今译）我整天给颜回讲学，他从来不提不同意见，好像很愚钝。等他退下之后，我考察他私下的言行，发现他总能对我所讲学的内容有所发挥，可见颜回其实并不愚钝。

（今解）老师和学生是中国文化人的亲缘格局的极其重要的一组对子。孔子和颜回是自古以来人们心目中理想的一组对子，他们的特点突出体现在孔子的这段话中。孔子对当面发挥的学生要么赞赏，要么批评，都是因人而异的启发式教育，听到这些议论的其他学生也可受益。可是颜回却从不当面发挥，搞得孔子只好去留心他的私下言行，这老师当得实在是太细心也太闹心了啊！恐怕像孔子这样的老师是史上绝无仅有的了，只有孔子才能让颜回的才华显现出来。颜回这样的学生是不能作为榜样的，特别是到了现代社会，大家都很忙碌，有哪个老师会盯着学生的私下言行的呢？可是话又说回来，世上很少有一个学问大家是喜欢和老师当面辩论的。他们都是在私下用功，勤奋地琢磨老师讲的未尽之处，而且货比百家，不断地放大自己的亲缘格局，这样才能真正地有所发挥，在学问上有所成就。孔子赞赏颜回，并不是没有道理的啊！只可惜颜回早死，未能接绪孔子的事业。

关于学习听讲的事，我还真是蛮有体会的。我上学时可以算得上是一个非常聪慧的孩子，善于举一反三，听一点就明白了，而且还能想到更远的地方去。很多老师都纵容我，允许我上课不听讲，允许我预习后面学期的课，但是也有个别老师恨透了我，以为我不尊重他，找机会要收拾我，以至于高三第一学期开始时发生了和语文老师吵架的事。我为此不仅失去了全县第一的宝座（和北大清华失之交臂），而且差点被开除。这段往事对我的影响很大，但是并没有改变我的个性。不管面对什么样的权威，我仍然会有自己的主张。这并不表示我不尊重权威，十八年的军旅生涯早就让我学会了在具体的工作中服从命令听指挥，但我的思想自由是任何人也压制不了的。多年来，我不停地变换工作岗位和研究方向，把成功的经验和失败的教训都用于提升亲缘格局的努力之中。虽然没有占到很高的位子，但是人生经历是丰富的，高度、眼界、境界是够的，一直紧跟着时代创新的步伐。应该感激我们所处的这个伟大的时代，时代给了我们这代人自由伸张个性，也包容下一代成长的若干机遇。我相信经过我们这一代人和后几代人的努力，中国的未来会蓬勃生长出个性、个体、自由、平等的基因，这是知识经济、共享经济的基因，是智能时代应有的基因。

视其所以，观其所由，察其所安，人焉廋哉？人焉廋哉？（《论语·为政》）

（今译）孔子说："看他为什么要做（某件事），观察他做事的路径和方法，考察他在做事的时候是否心安理得，这些都做到了，这个人怎么能隐藏得了呢？这个人怎么能隐藏得了呢？"

（今解）孔子不愧是大教育家，他对人的观察是亲缘格局的重要构成——"做事"上去观察：一是做事的目的（目标），二是做事的路径和方法，三是做事时的心理状态。人、物、事、理，其中的事（做事和遇事，做事才能遭遇更多的事）是人和世界打交道的基本方式。做事和遇事都必然要面对人和物，也必然要面临理的对待。做事要更主动一些，是人主动面对人和物，也主动对待理，所以有目的（目标）的选择，有路径和方法的选择，有对待理之后的心理状态的不同。事上磨炼，说的是在做事和遇事时的磨练。从观察人这一点上说，孔子可能更强调做事这一面。

在我看来，遇事时的状态更能够体现人的亲缘格局之高下。我们中国人很重视成功，成功当然主要是做事上的成功。然而，人活在这个世界上，做成功的事和遇到的事比起来，可能百分之一都不到。所以，真正考验人的是遇事。古人讲的“宠辱不惊”说的是遇事，“君子坦荡荡，小人长戚戚”说的也是遇事。参透了理，做事固然可能会顺利一些，但是对遇事更有帮助。世间的人、物、事非常复杂，经常会出现干扰做事进程的因素，成功不成功真的不要太在意。遇事就不一样了，不管你愿意不愿意，每时每刻我们都会遇到事，如果随时能做到心态平和、得失随缘，说明我们对理的参悟上随时有进步，我们的人生过得就会愉悦圆满许多。我认为，提升亲缘格局的起点和终点，包括其过程，关键在遇事。遇事多自省、少闹心，可能就会有更多的自得之理出现，这有可能是超越孔子和儒家传统的地方。

温故而知新，可以为师矣。（《论语·为政》）

（今译）孔子说：“在温习旧知识（回忆过去经验）时，能有新体会（新发现），就可以当老师了。”

（今解）儒家自创立以来就特别重视文化传承和历史经验的汲取，重视诠解经典，从孔子到王夫之都秉承着“述而不作”的传统。孔子成《春秋》而乱臣贼子惧，治《周易》而韦编三绝。王夫之的《周易外传》《读通鉴论》《宋论》和《张子正蒙注》等都是对文化经典和历史的诠释。任何有生命力的思想（特别是哲学、政治和经济思想）都是对思想史的梳理之后创立的，都不是空穴来风。

比如，西方近代启蒙思想家汲取了古希腊和基督教文明的精华。海德格尔对亚里士多德、黑格尔、尼采的思想十分熟悉，并扬弃了胡塞尔的现象学。王阳明的“无善无恶心之体”是在宋明理学的基础上，对原始儒家、庄子和佛家思想的张扬。

从源头上来讲，温故而知新是人类有别于其他动物的特有本领，人类大脑的思考决定了人能够链接过去、现在和未来，没有过去就没有现在和未来。海德格尔强调从人类学的角度来分析存在和时间问题，就是这个道理。胡塞尔在晚年的现象学论述提出了“家乡世界”和“陌生世界”，在我看来，“家乡世界”主要就是家族传承和基础教育（历史经典的教育）留给我们的文化记忆，它是形成我们亲缘格局底蕴的文化基因（有点像李泽厚所说的文化积淀）。除非有重大事件的刺激，这种基因很难改变，它会在我们一生中都帮助和指导我们面对“陌生世界”。温故而知新，历史是最好的老师，看书就是和历史中的人物在不断对话。真正好的老师要教会学生自己去面对和梳理历史，去和过去的家族、和自己、和历史人物对话。

君子不器。（《论语·为政》）

（今译）孔子说：“君子不要像器具那样（拘泥于一定的空间）。”

（今解）这里说的是君子的做派？还是思维？多数人解释为做派，说君子要潇洒，不要局限于某一方面的用途，甚至不要做具体的事，等等。从孔子本人的经历来看，他是多才多艺的，做官、搞学术、带学生，但是并不排斥做具体的事。“吾少也贱，多能鄙事。”《论语·乡党》一整篇，说的都是他老人家小心翼翼做各种具体事的例子。所以，在我看来，“君子不器”主要说的是思维的开放性。孔子从来也没有把君子定位于贵族阶层，更多的是强调着力于提升自己心性品格的人，这就是所谓“有教无类”。对于出身贫寒或者中产者家庭的人，怎么可能不做具体的事呢？生活中的各种琐事是磨炼心性的，可能把人磨圆了，磨平了，也可能把人磨得在精于人情世故的同时还能保持自己的品位。

从亲缘格局的观点看，“君子不器”就是要始终保持对理的敏感性，面对每时每刻向我涌来的人、物、事、理，不能麻木不仁，要试着用更高的理来把握它们。和道家、佛家不同，儒家的“修身”、“静心”不是从养生的角度来强调的，而主要是为了“养性”。反省、专注而“养性”的结果，对养生也有神奇的效果（很多喜欢哲学的人不怎么锻炼，身体也没啥大毛病），特别是在当代忙碌、焦虑的社会氛围中，在智能时代巨大信息量的冲击下，“养性”有利于克服思维僵化、人云亦云的问题，从而保持灵活、有高度的思维，对理的把握不拘泥、不固守，始终能在纷至沓来、纷繁复杂的事物中游刃有余。

主要参考书目

中国古典：

1. 《论语》

2. 《管子》

3. 《老子》

4. 《庄子》

5. 《孟子》

6. 《韩非子》

7. 魏伯阳《周易参同契》

8. 《朱子语类》

9. 《河南程氏遗书卷二》

10. 王阳明《传习录》

11. 王夫之《船山遗书》

12. 戴震《孟子字义疏证》

13. 僧肇《肇论》

14. 《楞严经》

15. 《华严经》

16.《坛经》

17.《金刚经》

中国现代学者：

1. 胡列清《二重论》，陕西人民出版社，2001年。

2. 胡列清《文明的立场和高度——辩证儒学导论》，陕西人民出版社，2014年。

3. 王博《中国儒学史·先秦卷》，北京大学出版社，2011年。

4. 张祥龙《海德格尔思想和中国天道》，生活·读书·新知三联书店，1996年。

5.《冯契文集》，华东师范大学出版社，2016年增订版。

6. 郑也夫《代价论》，生活·读书·新知三联书店，1995年。

7. 陈寅恪《隋唐制度渊源略论稿》、《唐代政治史述论稿》、《柳如是别传》，生活·读书·新知三联书店，2015年。

8. 金岳霖《论道》，商务印书馆，2015年。

9. 金岳霖《知识论》，中国人民大学出版社，2010年。

10.《张世英文集》，北京大学出版社，2016年。

11. 李泽厚《哲学纲要》，北京大学出版社，2011年。

12. 陆键东《陈寅恪的最后二十年》，生活·读书·新知三联书店，2013年。

13. 张西平《历史哲学的重建——卢卡奇与当代西方社会思潮》，生活·读书·新知三联书店，1997年。

14. 张汝伦《现代西方哲学纲要》，上海人民出版社，2016 年。

15. 吴军《智能时代》，中信出版社，2016 年。

16. 李峰《西周的灭亡》，上海古籍出版社，2016 年增订本。

17. 《顾准文稿》，中国青年出版社，2002 年。

18. 张岂之《中国思想史》（修订本），西北大学出版社，2016 年。

19. 陈玉京《中美住房金融理论与政策：房地产资本运动的视角》，人民出版社，2009 年。

20. 张一兵《无调式的辩论想象：阿多诺否定辩证法的文本式解读》，江苏人民出版社，2016 年。

外国学者：

1. 康德《任何一种能够作为科学出现的未来形而上学导论》中译本，商务印书馆，1982 年。

2. 康德《纯粹理性批判》，邓晓芒译本，人民出版社，2004年。

3. 黑格尔《精神现象学》贺麟译本，商务印书馆，1979 年。

4. 马克思《资本论》，人民出版社，2004 年。

5. 尼采《悲剧的诞生》周国平译本，译林出版社，2014 年。

6. 叔本华《作为意志和表象的世界》中译本，商务印书馆，1982 年。

7. 格奥尔格・西梅尔《货币哲学》中译本，江西教育出版社。

8. 威廉・詹姆士《心理学原理》，郭宾译本，九州出版社，

2007 年。

9. 威廉·詹姆士《彻底的经验主义》中译本，上海人民出版社，1965 年。

10. 皮亚杰《发生认识论》中译本，商务印书馆，1981 年。

11. 牛津通识读本之《克尔凯郭尔》中译本，译林出版社，2013 年，亚马逊电子版。

12. 胡塞尔《纯粹现象学通论》中译本，中国人民大学出版社，2014 年。

13. 海德格尔《存在与时间》中译本，生活·读书·新知三联书店，2014 年。

14. 海德格尔《路标》中译本，商务印书馆，2000 年。

15. 维特根斯坦《逻辑哲学论》，韩林合译本，商务印书馆，2013 年。

16. 维特根斯坦《哲学研究》，陈嘉映译本。上海人民出版社，2005 年。

17. 凯恩斯《就业、利息和货币通论》，高鸿业译本，商务印书馆，1999 年重译本。

18. 卢卡奇《历史与阶级意识：关于马克思主义辩证法的研究》中译本，商务印书馆，1999 年。

19. 竹内好《近代的超克》中译本，生活·读书·新知三联书店，2016 年。

20. 西田几多郎《善的研究》中译本，光明日报出版社，2009 年。

21. 《铃木大拙说禅》中译本，浙江大学出版社，2013 年。

22. 伊曼纽尔·列维纳斯《总体与无限：论外在性》中译本，北京大学出版社，2016 年。

23. 托马斯·鲍德温编《剑桥哲学史 1870—1945》中译本，中国社会科学出版社，2011 年。

24. 索罗斯《金融炼金术》中译本，海南出版社，1999 年。

25. 詹姆斯·麦奎维《颠覆：数字经济的创新思维和商业模式》中译本，电子工业出版社 2016 年。

26. 默文·金《金融炼金术的终结：货币、银行与全球经济的未来》中译本，中信出版社，2016 年。

27. 柄谷行人《跨越式批判——康德与马克思》中译本。中央编译出版社，2011 年。

我给导师张先生交一份花了 24 年才算基本完成的作业（代后记）

——在《张岂之教授论学书信选》发行座谈会上的发言

我是陈玉京，1990 级思想所硕士研究生，是张岂之先生亲自带的最后一个硕士生弟子。今年是张先生九十大寿，看到先生精神矍铄，英姿不减当年，我们做弟子的感到由衷高兴。说来也巧，今天是《书信选》的发行座谈会，我和张先生、各位同门的亲缘正是从一封信开始的。记得是 1989 年三月份的一天，我在西安某军校读大三，在同学（我和他是爱好哲学的同伴，他早就听说了张先生的大名）的怂恿下，壮着胆子给当时的西北大学校长张岂之先生写了一封古文信，表示仰慕和愿意投师门下的心情，可是没想到张先生很快就给我回信，邀请我到办公室面谈，到中午时分，先生又亲自陪我到学校旁边的小吃摊吃酸汤水饺，看着我吃完后又把我送到回军校的车站。此情此景，如今仍历历在目，大家可想而知，我一个来自江西农村的军校工科生，面对一个大学校长、当代鸿儒，得到如此厚爱，我的心情无比激动，我当时就暗下决心，此生就跟定张先生了，而且一定要学出个样子来！其实，那时的我对中国思想史可以说一无所知。张先生愿意选我当弟子，而且亲自出面和当时我所在军校的校长协调我免试推荐入学（1990 级硕士生只能免试推荐，而我不仅跨校，而且跨专业，难度太大）的事情，按照先生的说法是因为我“懂科技、文笔好”。

入学后，我需要补的课非常之多，一方面是中国历史，一方面是中国思想史的主要原典，还有德国古典哲学家以及马克思主义经典作家的主要思想等。虽然我在思想所的自习室以及学校图书馆学得很认真、很投入，导师非常关爱我，方光华、谢阳举等师兄也经常热心指点我，但三年的时间毕竟太短了。先生寄希望于我对中国古代科技思想史的研究只起了一小步，硕士论文是关于易学和气论的。由于偶然的机会，我毕业后分配到了北京，在解放军军事科学院工作，之后又调到武警总部和解放军总政治部工作。在部队工作期间，我主要自学了军事理论，充实了马克思主义理论。军事理论让我掌握了彻底的面对面的思维，战争是最残酷的技术和人性的较量，必须彻底的面对面，对敌我双方的实际情况必须彻底了解，来不得半点虚假。马克思主义理论是我在总政宣传部理论局工作的基本功，因为那时主要工作是为军委主席及其他领导编写著作或撰写讲话稿，是正经的笔杆子。我在这个工作中受益匪浅，不仅要求视野宽广（面向全国全世界），而且理论和文字水平要求很高，当然，在一般人看来前途也是十分看好的（理论局这么些年来坚持下来或调出去的干部至少也能到正师级）。尽管如此，我只在总政干了三年时间，就主动要求转业到了国家发展改革委宏观经济研究院。我当时就觉得自己在经济金融方面的理论特别是前沿一线的实践几乎为零，在我看来所谓理论水平再往上提高几乎不可能，因为马克思的理论实际上就是奠基于经济金融。当时离开部队还有其他考虑，包括受到某种不公正待遇以及我个人家庭原因，母亲因病早逝，父亲脑中风半身瘫痪，家庭经济随时可能崩溃。

事实证明，至少从我个人的角度看，我不顾一切前往经济金融一线的选择是对的。不仅个人生活困窘局面大为改观，而且经济金融一线工作展现的人性和思维复杂程度是校园和机关体会不到的。在转业后半年时间，我考取了北京师范大学经济学博士研究生，在读博期间又得到了去银行工作的机会。博士生的学习让我从零起步，学到了西方经济、金融学的基本理论，而且靠着以前积累的底子，写了从资本运动角度来分析房地产金融的博士论文，由于论文主题切合美国2008年金融危机的事实，论文刚通过就在人民出版社出版了。在银行工作的十多年间，我经历了行政办公、人力资源、公司业务、投资银行、战略管理等多种岗位，可以说基本把金融一线的各种门道摸了一个遍。至此，我的实践课基本完成了。于是，我在2014年夏天下了一个决心，要开始完成当年张先生给我留下的作业了。这就是我在父亲葬礼上突然萌生的“宙合”及亲缘格局论。

父亲过世后，按照客家人的习俗，做了一天的法事，在炎炎烈日下，在鼓磬笙箫齐鸣的嘈杂乐声中，我和我的亲人们汗和着泪，全身都湿透了。浑浑沉沉，似梦非梦之中，我突然想到了《管子》中的“宙合”篇，似乎明白了探求多年没有理解的意义。“宙合”，从字面上看是往来古今、四方上下的意思，但是古人为什么要用这个词呢？为什么能用这个词呢？也许他们在两千多年就想到了，人所能够达到的高度和宽度，只有他们的灵魂能够达到。如果人和人之间没有亲缘格局主体间的共通性，达不到灵魂层次的交流，就不可能有数百亿之多的灵魂在时空里飘荡，怎么可能会出现“宙合有橐天地”的状态呢？人们在世俗状态里最多能够达到的高度就是看到“天地，万物之橐也”。

似乎就在那一刹那间，我的灵魂到达了“宙合”之境，直接与我的父亲母亲的灵魂交融在了一起，进而与我的祖先们的灵魂融合在了一起，并进而和我读书生涯中时常渴望与他们对话的往圣先贤们的灵魂融合在了一起，从而赋予了我穿透人生和历史的能力。我在人世间已经历的近半百之年，在国家高级机关和金融部门工作过，在不断学习中吸纳了中西方的各种文化要素，现在借助我作为文盲的父亲母亲的灵魂之托举，我完成了灵魂在“宙合”之境的凝结。我庆幸自己没有经历太多的苦难，没有像佛祖那样抛弃一切的七年苦行，没有像孔子一样像丧家狗到处不受人待见的寻觅，没有像耶稣那样被钉在十字架上受刑，我只是借助双亲灵魂之托举，而进入了“宙合”的境界中游历。我依然在人世间尽我的本分，我继续挣工资还房贷，妻儿继续享受着我做的粗茶淡饭，朋友们继续和我友善地相处，但是我相信我的灵魂超越了世间的烦恼，我的人生观、社会观和历史观都发生了根本性的转变。

自那天之后，我像着了魔似的阅读康德以后一直到维特根斯坦等哲学大家的著作以及后现代福柯、巴塔耶、布尔迪厄等人的著作，并和我之前的历史文化知识、马克思主义理论、经济金融学以及中国思想史的积累结合起来，沿着“宙合”之境的精灵之气到个体“亲缘格局”的同一性、差异性和共通性这个主轴前进，中途又融入区块链、人工智能等最新的金融科技知识，最终形成了本书正文部分的理论形态的东西。正文部分的写法参照维特根斯坦《逻辑哲学论》和金岳霖《论道》的写法[①]，尽管不大符合当前哲学社会科学的学术规范，但我不是“学院派”，没有评职称的压力，而且自认为这样的写法有益于读者领会我的思想，所以如果出版社同意，我还是希望以这样的形式面世。这本小书，因为时间关系只拿到了样书，算是给张先生交一份晚了24年的作业，也算是我祝贺张先生九十大寿的一份小礼。由于时间关系，场合也不太对，我不能展开对这本小书内容的介绍，我这里只是简单说一下：

《亲缘格局论：面向智能时代的哲学》根基就在咱们思想所，最扎实的根基是儒学的信仰和素养。我从儒家经典里选了四句话，以展开亲缘格局论的思想框架，即：“和而不同”“乾坤并建”“理一分殊”和“无善无恶心之体”。其中，“和而不同”是张先生最为强调的中华传统文化的基本点。我把它当作个体的亲缘格局通达“宙合”之境，然后体现的最美好的状态。“无善无恶心之体”是王阳明一生历经坎坷和极限心理、事功磨练的思想产物，我认为它和现象学的思维是相通的，而且暗合海德格尔“向死而生”的哲学气质。“无善无恶心之体”的展开要靠儒家易学中的“乾坤并建”说，以及朱子综合宋代道学思想、道家太极图和佛家华严宗“理事无碍、事事无碍”而得出的“理一分殊”说。“乾坤并建”的易学思想王夫之阐发得最充分，在我的哲学同道胡列清的启发下，我把“乾坤并

① 第一部分全文是一个整体，分成一气呵成的八个版块，即从§1到§8，而§1.1、§1.2之类是说明§1的，§1.1.1、§1.1.2之类是说明§1.1的，依此类推。

建”之理当作亲缘格局提升的不竭动力。朱子提及他老师李侗所说的一句话是我为学做人过程中时时注意的：“理不患其不一，所难者分殊耳”。每一个体都拥有亲缘格局（纳入个体亲缘中的人、物、事、理之格局），是人生在世过程中不断反身重构形成的，要在自己艰苦磨练中、在实体和关系交融中不断提升的。“无善无恶心之体”将始终贯穿亲缘格局提升的全过程，襄助个体亲缘格局通达“宙合”之境，这个过程必须实现，而且能够实现，因为我们传承的是慎终追远、民德归厚，（亲缘格局）上承祖宗、下延子孙的中华古老传统，从这一点出发完全有可能超越西方“无性”“无情”哲学（基督教传统只强调个体与上帝相通，而且把人伦日用之常情当成某种“罪”）。

从实践意义上看，智能时代的ABCD技术，即人工智能、大数据、云计算和区块链有可能实现对个体亲缘格局的价值评估，这就为新的金融资产——数字资产的产生提供了可能性，并进而有可能重新塑造以往靠物质资产抵押、靠国家信用支撑的金融体系。而且，当对若干个体所遭遇的人、物、事、理以及它们“有缘来相认、无缘不入心”的程度的数据积累到一定程度，对于个体亲缘格局的再现也是完全可能的。如果把这些都输入到Agent（智能体）里面，人们对远方朋友的思念、对逝世亲人的追忆都有可能成为随时可以面对面的场景，这里体现的社会价值就更大了。在“和而不同”的状态中，亲缘格局具有可加总性，“宙合”就是亲缘格局的无限叠加、组合形成的。如果人工智能实现个体亲缘格局的再现，那么“宙合”就有可能成为“真实”的世界图景，从而形成人类社会新的共识机制。

人人都在世，人人面对的世界“和而不同”，却能够在往来四方的宇宙中汇聚在一起，再加上古往今来的各自的祖宗先人以及各类历史人物的与在世之人共通的灵魂，构成人类世界独有的“宙合”之境。“宙合”之境总揽天地之英华，网络万事万物之理，至大无外，至小无内，成为人类社会生生不息之胜景。

当然，对亲缘格局论及其设想的理想社会而言，这本小书只是一个提要，还需要我付出毕生的努力来营造它，而且希望有实践的舞台来完善它。我恳切希望得到张先生、光华师兄、永明师兄、阳举师兄以及其他同门的认同和支持。

（以上是我在2017年12月21日《张岂之教授论学书信选》发行座谈会上的发言整理稿内容，经请示导师张先生同意，作为本书代后记。）

还需要说明的一点是，附录部分是我 2016 年6月创立的“中产者的亲缘格局”微信公众号的一些文章。从这些文章读者可以看到我对于创立亲缘格局论的真诚努力，应该说每一篇文字都是在用自己的心在写，每一篇都是经过深入思考的。我曾经写过一篇《微信是有史以来最伟大的发明，没有之一》，就是特别看重微信的自媒体功能。我希望每一个微信公众号作者都要对自己的作品负责，越来越净化这个难得的自由发言的空间。既要追求读者的数量，更要以质量来赢得属于自己的读者。

亲缘格局论本身的特点是开放式的哲学框架，需要在未来的同道者来不断地加入进来对它补充完善：这个框架是完全开放的[1]，每一个对亲缘格局论有兴趣的读者都有可能成为它的作者。如果能得到读者的共鸣乃至合作，从1.0、2.0、3.0出到N.0版，那将是我的荣幸，也是本书写作的初衷所在。

在本书付印之际，我要衷心感谢哲学同道、老朋友胡列清给我诸多思想上的启发，感谢同门方光华博士、肖永明博士、谢阳举博士及陈战峰博士等人对我的书稿提出宝贵意见，感谢我所在单位包商银行总行领导和战略发展部领导、同事们给予我宽松的学习和工作环境，感谢我的家人、朋友圈友人们对我的批评、支持和鼓励。感谢经济日报出版社的韩文高社长、郭明骏编辑为本书出版付出的辛勤劳动。我的同事于扬、胡泽琼帮我制作了书中的图表，冯帆为本书设计了精美的封面，也感谢她们付出劳动。

《企业观察报》耿清智社长是我在部队的老班长，热心推荐本书出版，他本人却在出版期间突发心梗，不幸英年早逝，让我感到十分伤感和遗憾！我们深切缅怀他！

特别地，我要衷心感谢中国国情调查委员会主任胡石英先生

① 本书初稿完成于2017年8月之后，我又继续阅读台湾学者牟宗三和大陆学者唐文明等人的著作，并对宋明理学和心学的体系进行重新梳理，我发现儒家学者关于心性的研究硕果累累，和我的亲缘格局论是血脉贯通的。亲缘格局论是面向智能时代的哲学，是在经济金融的传统理论基础上和现实需要中产生的理论，但它立足于中华大地，肯定需要不断地汲取传统儒学的营养，愿同道一起勉力为之。这本书仅仅是一个提要，需要在今后的岁月中不断充实完善，使它继续伴随着我的亲缘格局之成长。“学而时习之，不亦说乎？”如果有同道加入，则我的亲缘格局则具有延展性，如此更慰平生，人生无憾。“有朋自远方来，不亦乐乎！”如果没有几个人能看懂，或者没有几个人愿意看，则我更要谦虚谨慎，待以时日，同时要完善自己的思想和文风，争取朋友们的理解。“人不知而不愠，不亦君子乎？”

亲笔题写书名，胡先生是“中共中央第一支笔”胡乔木之子，因我也曾忝列高层笔杆子末流，借此小书接续乔木亲缘，倍感亲切和荣幸！中诚信集团创始人、中诚信国际信用评级有限责任公司首席经济学家、中国人民大学经济研究所所长毛振华先生抽出宝贵时间为小书作序，我心中充满感激！

最后，我还要表达对我两位研究生导师的无限感激之情。因为我硕士、博士都是跨学科学习，张岂之先生、李晓西先生都是手把手教我起步的，让我分别跨越了中国思想史和经济学两个很高的门槛，虽然我现在仍然才疏学浅，有愧两位导师提携，但我会用有生之年继续做出不懈努力，以报师恩之万一！

陈玉京

2018年元旦于北京寓所